書山有路勤為徑
學海無崖苦作舟

 文經閣

書山有路勤為徑
學海無崖苦作舟

 文經閣

看懂世界金融

看懂世界金融的關鍵，
在於看清全球化下的美元霸權

田媛媛◎著

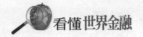

序 言

由希臘債務危機引發的歐債危機，對歐元有什麼影響，對世界格局有什麼影響？世界走向 G2，還是金磚國家的時代已經來臨？歷經美國金融危機，華爾街的菁英們是否恢復了操控世界金融的能力？

世界金融就像一盤大棋局，參與博弈的各方，誰才是掌局者？看懂世界金融棋局的關鍵，在於看清金融全球化下的美元霸權。

金融全球化是一個自然的不可逆轉的歷史過程，是金融自由化和放寬金融管制的必然結果。在金融全球化的進程中，美國作為世界經濟的領跑者和金融全球化的主導者，可謂占盡便宜。美元坐上了國際金融體系的霸主地位後，便和世界經濟緊緊捆綁在一起。當然，美元這個霸主沒有白當，它善於為美國人謀福利，一旦哪個國家擋住了自己的財路，貨幣升值、金融狙擊、債務危機便成為該國的「常客」。

利用美元這個強有力的武器，美國不厭其煩地打擊各國，使世界陷入沒有硝煙的貨幣戰爭。

隨著歐元區的形成，歐元的發展勢不可擋，這種態勢讓美國坐不住了。自希臘以後，西班牙、葡萄牙等國家相繼被「傳染」，「病毒」不斷蔓延，歐債危機愈演愈烈……

中國同樣威脅到了美國的霸主地位，所以美國也在各個方面阻礙

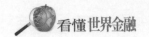

制約著中國的進一步發展。中美之間的貿易摩擦不斷，美國阻截中國的資源收購，迫使人民幣升值……

日本從 20 世紀 70 年代開始逐漸成為世界第二大經濟體，也就是從這時開始日本不斷受到美國的壓力，《廣場協定》簽訂後，日圓步步升值，最終導致了日本泡沫經濟的發生……

當然，美國控制世界金融的武器除了美元，還會真刀真槍地為自己謀取金融利益。波斯灣戰爭、伊拉克戰爭、利比亞戰爭，美國更沒有放過對世界經濟的軟黃金——石油的控制。不單單是石油，糧食、重金屬等資源，美國都要佔據主導地位。

說到底，整個世界就是一個美國操控的大棋局，美國利用其霸權地位不斷地轉嫁危機和尋找經濟增長點。透過增發貨幣、打匯率戰、打貿易戰、發國債等方式，讓世界各國為其行為買單並依此發展其本國的經濟。

在這個大棋局中，雖然美國是老大，但每個棋手都步步為營，誰能走到最後成為真正的贏家一時間難以定奪。比如美國想藉著金融浪潮賺個盆滿缽滿，但沒有想到歐盟崛起成為自己一個強有力的對手；美歐等西方國家更沒有想到在世界經濟的風波下，一些新興經濟體逐漸成長起來，比如中國、巴西、印度、俄羅斯和南非這極具潛力的金磚五國。

世界是平的，看清美元霸權下的世界金融格局，讓我們做一個明白人。

目 contents 錄

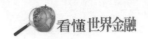看懂世界金融

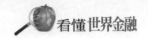

第一章 歐債危機：何以攪動世界金融

自 2009 年下半年起，歐元區國家希臘陷入債務危機，這股危機進而呈發酵、蔓延之勢。債務負擔成為這些歐元區國家的不能承受之重，嚴重現實令歐元區國家可能陷入最嚴峻考驗。

在這場愈演愈烈的危機中，居於世界經濟霸主地位的美國扮演了怎樣的角色？歐元在美元的刀鋒下還能否延續其命運？歐盟的前途將會如何？這一切吸引了全世界關注的目光。

無論結果如何，有一點毋庸諱言，這場由銀行業危機發展為政府債務危機，進而涉及政治的危機對歐洲政治聯盟構成了真正的威脅。

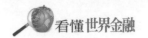

希臘被埋下了「特洛伊木馬」病毒

　　希臘債務危機一直在持續，而在此之前，歐盟及國際貨幣基金組織曾預計，希臘銀行業的資本重組總額可能高達 500 億歐元。歐盟救協計畫要求，希臘銀行業 2012 年第三季度末完成資本重整。中國社科院歐洲所研究員田德文表示：希臘的債務危機在總理帕帕季莫斯的治理下並沒有根本的好轉，可是從機制上看，這個政府更多執行了歐盟的一些對策，但現在問題的實質是大家必須要在短時間內見到效果，要證明這個機制的轉變已經取得了階段性的成果，而這點確實有點強人所難。

　　2009 年下半年以來，全球經濟復甦態勢基本確定，歐元區小國希臘的主權債務問題卻逐漸浮現，並愈演愈烈。至 2009 年 12 月，希臘政府宣佈其 2009 年財政赤字將達到 GDP 的 12‧7％，而公共債務將占到 GDP 的 113％，均遠遠超過歐盟《穩定與增長公約》所規定的 3％和 60％的上限。接著，全球三大評級機構惠譽、標準普爾和穆迪一個月內相繼調低該國的主權信用評級。希臘債務問題開始成為媒體關注的焦點。金融市場迅速做出反應，投機活躍。希臘政府債券投資風險上升，融資成本顯著增加，發債融資越發困難。

　　希臘陷入債務危機以來，歐元對美元匯率已跌至 1：1.31（2012 年

4 月）的水準，創 2009 年 5 月以來新低。至此，希臘債務危機已經遠遠超越一國之界，引發了對歐元區前途、歐盟經濟甚至全球經濟復甦的疑慮。

「希臘已經快到極限了」，這是路透社評論員的一聲歎息。

在古都雅典，無家可歸的流浪人士，已比去年多了一倍。和店鋪紛紛關門、缺乏生機相對應的，是對著垃圾桶兩眼發呆的人日漸增多。

在歐債危機爆發前，希臘的中產階級占總人口的三成以上，但現在，所有人的資產都大大縮水。在雅典，一些報社已經 4 個月發不出薪資，但記者們卻都沒有辭職，「因為走了就更沒工作」。

已被內閣換掉的前財長帕帕康斯坦季努，在去年 7 月就預見到，將會出現大規模出國移民潮——「希臘現在養不起 1100 萬公民了，這一定會催生大量移民。」

為什麼偏偏是希臘？因為，希臘是整個歐元國最脆弱的一環，同時也反映出歐盟國家一體化進程中普遍存在的一系列長期性、結構性和制度性經濟社會問題。

自 2009 年 12 月希臘債務危機拉開序幕以來，希臘一直沒有放棄努力。希臘政府分 3 次成功發行了 195.6 億歐元的國債，單次籌資額度從最初的 80 億歐元下降到了 2010 年 4 月 13 日的 15.6 億歐元，得標利率也逐步攀升，但最終還是沒有逃脫債務危機越陷越深的命運。

其實，早在 2001 年，美國高盛集團就在希臘埋下了一個「特洛伊木馬」。高盛集團是一家國際領先的投資銀行和證券公司，向全球提供廣泛的投資、諮詢和金融服務，擁有大量的多行業客戶，包括私營公司，金融企業，政府機構以及個人。高盛集團在 23 個國家擁有 41

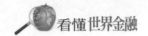

個辦事處。其所有運作都建立於全球基礎上，由優秀的專家為客戶提供服務，同時擁有豐富的地區市場知識和國際運作能力。美國高盛集團實質上就是美國對外洗劫財富的工具。當時希臘剛剛進入歐元區，根據歐洲共同體部分國家於 1992 年簽署的《馬斯垂克條約》規定，歐洲經濟貨幣同盟成員國必須符合兩個關鍵標準，即預算赤字不能超過國內生產總值的 3％、負債率低於國內生產總值的 60％。然而剛剛入盟的希臘看到自己距這兩項標準甚遠。這對希臘和歐盟都不是一件好事，特別是在歐元剛一問世便開始貶值的時候。這時希臘便求助於美國投資銀行「高盛」。高盛為希臘設計出一套「貨幣掉期交易」方案，為希臘政府掩飾了一筆高達 10 億歐元的公共債務，從而使希臘在帳面上符合了歐元區成員國的標準。

這一被稱為「金融創新」方案的具體做法是，希臘發行一筆 100 億美元（或日圓和瑞士法郎）的 10 ～ 15 年期國債，分批上市。由高盛投資銀行負責將希臘提供的美元兌換成歐元。到這筆債務到期時，將仍然由高盛將其換回美元。如果兌換時按市場匯率計算的話，就沒有文章可做了。事實上，高盛的「創意」在於人為擬定了一個匯率，使高盛得以向希臘貸出一大筆現金，而不會在希臘的公共負債率中表現出來。假如 1 歐元以市場匯率計算等於 1.35 美元的話，希臘發行 100 億美元國債可獲 74 億歐元。然而高盛則用了一個更為優惠的匯率，使希臘獲得 84 億歐元。也就是說，高盛實際上借貸給希臘 10 億歐元。但這筆錢不會出現在希臘當時的公共負債率的統計資料裡，因為它要 10 ～ 15 年以後才歸還。希臘有了這筆現金收入，使國家預算赤字從帳面上看僅為 GDP 的 1.5％。而實際上 2004 年歐盟統計局重新計算後

發現，希臘財政赤字高達 3.7％，超出了歐元區成員國的標準。

目前希臘的財政赤字占 GDP 的比重已高達 12％，遠遠超過歐元區設定的 3％上限；希臘公共債務餘額占 GDP 的比重則高達 110％。就像之前杜拜出事一樣，這次希臘的危機又讓一些人驚呼：希臘可能成為下一個雷曼。儘管現在還很難對這樣的預言作出評判，有一點卻日益成為各界共識，即希臘等個案背後反映出的主權債務風險，特別是在這輪危機中大舉借債的發達經濟體。

希臘透過這種手段進入歐元區，其經濟必然會有遠慮，最終出現支付能力不足。高盛深知這一點，為防止自己的投資打水漂，便向德國一家銀行購買了 20 年期的 10 億歐元信用違約互換（CDS）保險，以便在債務出現支付問題時由承保方補足虧空。

到了這筆貨幣掉期交易到期的日子，希臘的債務問題便暴露出來。然而 2009 年 1 月底 2 月初出現對希臘和歐元的金融攻擊，還非市場的自發行為，而是有預謀的。這次攻擊利用希臘多筆債務到期在即、炒作希臘出現支付能力問題，從而使市場出現大幅動盪。其結果是歐元下跌，希臘融資能力下降、成本劇增（借貸利率高出一般新興國家兩倍以上）。

高盛在希臘未被懷疑有支付能力問題時大量購進希臘債務的 CDS，然後再對希臘支付能力發動攻擊，在 CDS 漲到最高點時拋出。為了打擊希臘的金融信譽，高盛與兩大對沖基金一方面大肆「唱衰」希臘支付能力，另一方面則輪番拋售歐元，從而導致國際市場恐慌而跟進。歐元在 10 天內跌了 10％。

2009 年年底，希臘債務危機爆發之後，希臘政府的融資難度開始

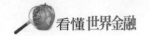

逐步上升，但是希臘政府當時仍然認為自己能夠從金融市場上獲得足夠的資金。事實並非如此，歐洲國家債務融資的壓力十分巨大，2010年希臘需要融資的總規模超過 500 億歐元，義大利需要為其總債務的20％在2010年提供展期。由於擔心越來越多的歐盟國家陷入債務問題，投資者開始迴避歐元資產，甚至開始大肆做空歐元和歐元資產，使得陷入債務問題的歐盟國家幾乎陷入絕境。

　　希臘被埋下了「特洛伊木馬」，深陷於危機之中。而這場危機不僅僅局限於希臘，自希臘開始，歐債危機迅速蔓延，西班牙、葡萄牙等國家的債務問題「不是一個國家的問題，而是整個歐洲的問題」，甚至是全球性問題。

美元是歐元的劊子手

1999 年 1 月 1 日，歐元作為歐盟國家的統一貨幣正式啟動，歐盟 15 個成員國中的 11 國首批加入歐元區，這標誌著醞釀多年的歐洲經濟與貨幣聯盟正式建成，歐洲一體化進程進入了一個新階段。自 1973 年的浮動匯率制施行以來，國際貨幣呈現多元化格局，美元、馬克和日圓是主要的國際貨幣，其中美元起主導作用。而歐元的誕生使國際貨幣體系發生了重大變化，隨著歐元區國家的不斷增多，歐元成為一種前景光明的貨幣，更有可能成為國際上具有很強競爭力的貨幣。

歐元不斷壯大，已成為美國的眼中釘。在歐盟內部，各個國家將把官方儲備由美元改為歐元，這筆資金大約有 1000 ～ 3000 億美元。除了歐盟成員國，其他國家也會將歐元作為儲備貨幣之一，據統計，約有 5000 ～ 10000 億美元的資產改用歐元計價。如此一來，歐元成為繼美元之後最有國際競爭力的貨幣。隨著歐盟各成員國在政治和經濟上的進一步發展，歐元成為美元最強大的競爭對手。

歐盟已成為美國的巨大威脅，美國怎麼會容許歐盟繼續快速發展呢！美國的政治家、戰略家，多屆美國政府的幕僚布里辛基多次表示：美元是美國全球戰略最重要的支柱之一。歐元想搶班奪權，盤踞於美國的大財團們絕不會輕易放棄美元這個抽血的機器。於是，歐元還沒

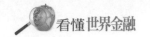

有誕生，美國就開始操縱「金融部隊」——對沖基金和投資銀行等金融機構，開始了對歐元的打擊。對於美國來說，一個勢力均衡的歐洲、不統一的歐洲，才能讓美國在歐洲獲得最大的利益。歐元體系一旦建立起來，勢必會對美元的霸權體系產生衝擊。倫敦－華爾街軸心與德法同盟之間的貨幣衝突日趨激烈。

　　無論做多與做空，美國的資本力量牢牢地控制著世界。1990 年，英國政府居然不顧倫敦金融城的反對，悍然加入歐洲貨幣兌換體系（ERM），眼看歐元體系逐漸形成，日後必然會成為倫敦～華爾街軸心的重大隱患，國際銀行家於是策劃各個擊破的打法，欲將歐元體系絞殺在搖籃之中。

　　歐洲從 1992 年決定啟動歐元，到 1995 年啟動歐元進入關鍵階段，當時為了順利推出歐元，就要把每個國家的公共赤字都降下來，以達到啟動歐元的標準，整個歐盟國家的貨幣都在緊縮當中。

　　在 1995 ～ 1997 年間，歐洲貨幣對美元大幅度貶值，如德國馬克貶值了 25％，法國法郎貶值了 30％。這背後就是以美國財團為主的做空力量在搞鬼。那些美國大財團很清楚地意識到，如果歐元取代了美元，那麼整個世界經濟就要被改寫，他們的統治地位就會消失，這是美國無法容忍的。於是，從那個時候開始，美國資本就開始了對歐元有計畫地做空。

　　第一步是英美經濟學界對歐元的唱空。雖然英國是歐盟國家，但是英國沒有加入歐元，這恐怕跟英國依附於美國有關。這些英美經濟學家就是美國財團控制的輿論武器，我們想一想，如果大家都看好歐元，那麼美國財團為了自身利益做空歐元是那麼容易的事嗎？所以，

通常大莊家（美國財團）在操作前，都會事先透過輿論進行所謂符合邏輯的宣傳攻勢，由那些學術權威出面，才能引導游資做空歐元，起到事半功倍的作用。

任何事情都不可能完美無缺，他們首先攻擊的就是歐元區的軟肋——固定匯率制度。對於歐元的固定匯率制度，歐洲人頗為自豪，他們認為歐元的成功還有一層深遠的重大意義，就是在浮動匯率似乎逐漸成為世界潮流的時代，歐元反其道而行之，成為支持固定匯率的中流砥柱，亦可能成為未來真正世界貨幣之先驅。

什麼是固定匯率制度呢？比如：1歐元等於40.3399比利時法郎，1歐元等於1.95583德國馬克等。這個兌換標準是固定的，這就叫固定匯率。歐盟的這種固定匯率被英美經濟學界視為非常愚蠢的做法，因為英美經濟學界認為浮動匯率才是符合經濟運行規律的。美國經濟學家保羅·克魯曼先生就有著名的「三悖論」：貨幣政策獨立、固定匯率和資本帳戶開放三者不能同時成立。比如：歐元區如果實行固定匯率，資木帳戶開放，那麼就沒有辦法實現貨幣政策的獨立。而這也正是導致現在歐元區債務問題難以解決的重要原因之一。所以，英美經濟學界認定：歐元區如果無法控制各國的獨立貨幣政策，那麼必須放棄固定匯率制度。

展開輿論宣傳攻勢的同時，美國財團開始發動對歐元的做空行動。1995～1999年間，美國網際網路蓬勃發展，經濟有了新的動力支撐，很多資金看好美國的經濟。歐洲經濟被英美經濟學家唱空之後，很多資金都對歐元的前景持懷疑態度，歐元未來究竟是強勢還是弱勢，大家都不確定，再加上歐洲財政緊縮，機會比較少，在美國財團的帶領

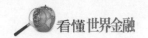

下資本紛紛撤出歐洲，投向美國的網際網路等新興行業。這就順理成章地造成歐元的持續貶值。而做空並不意味著賠錢，雖然美國股市泡沫四起，但美國財團早就佈局，美國也就成為了最大的贏家。

接下來，美國財團又使出了最厲害的一招：戰爭。1999 年 1 月歐元啟動，1999 年 3 月 24 日北約就發動了對南聯盟的空中打擊，科索沃戰爭爆發。戰爭一打起來，歐洲人還當了美國的幫兇，歐元就跟著一直往下掉。

如果歐元長期處於低位，而美元處於高位，這對美國的經濟復甦很不利，因為歐元、美元不正常的比價，使得美國的出口沒法復甦，同時進口大量增加，美國逆差增加，美國國內工商業就會持續低迷。於是美國財團們在網路 IT 熱潮大賺了一筆之後，選擇了美元的貶值之路，以發行美元來刺激美國的經濟復甦。

由此可見，美元是站在歐元背後的劊子手。美國為了保住其美元霸主地位，採取各種措施各種手段扼殺歐元，美國是不會讓歐元順利發展下去的。

債務危機傳染，歐元弱不禁風

成立歐盟，啟動歐元曾經是歐洲人最驕傲最自豪的事情，歐洲國家以加入歐元區為榮。因為它對歐洲各國的經濟起著十分重要的作用，可以更好地促進歐盟各國的經濟合作。一些歐洲人還寄希望於歐元改變強勢美元的經濟格局。

但是，希臘債務危機的發生改變了這一切。現今，各國聯繫緊密，可以說每個歐洲國家間都存在著或多或少的聯繫，懂得明哲保身的國家都很難獨善其身。

希臘只占歐元區 GDP 的 2%，卻拖累了整個歐洲的經濟。希臘因此被稱為「危害經濟的毒瘤」。希臘政府債務危機是歐洲各國債務危機的病根，將債務危機從希臘傳染到西班牙，再傳染到葡萄牙，如今仍在不斷蔓延。假若危機被傳染到歐盟的核心國，那麼歐元區將面臨著經濟穩定的巨大挑戰。

在債務陰影的籠罩下，葡萄牙深受影響，有人認為葡萄牙或許會成為第二個希臘。2010 年 4 月，歐盟統計局公佈的資料顯示，截至 2009 年年末，葡萄牙政府債務餘額超過了 1259 億歐元，公共負債率（政府債務／ GDP）達到 76.8％；政府財政赤字達到 154 億歐元，財政赤字率（財政赤字／ GDP）為 94％。葡萄牙債券已被列為世界上第八大

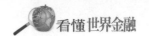

高風險債券，2010 年 4 月 27 日，標準普爾公司將葡萄牙的信用評級由「A＋」降至「A-」。2011 年 4 月葡萄牙國家統計局又上調公共財政赤字，葡萄牙經濟前景黯淡。

肇始於希臘的歐洲債務危機一波未平一波又起，西班牙時間 2010 年 6 月 8 日，西班牙亞洲貿易中心總裁毛峰在馬德里接受新浪財經記者採訪時表示，從 2008 年下半年的全球經濟危機開始，到現在歐洲債務危機導致的歐元貶值，西班牙華商貿易的營業額出現了大幅度縮水，下降了超過 1/3。西班牙處在一個危險的境地，其風險將延伸至整個歐元區，乃至更廣泛的全球經濟。不容忽視的是，西班牙一直都被市場視為繼葡萄牙之後最可能成為下一塊骨牌效應的歐元區國家。

接下來，愛爾蘭經濟局勢驟然緊張；法國財政實力減弱，財務狀況脆弱；義大利擠入全球最高赤字國……希臘、西班牙、葡萄牙等國家的債務問題已經不是一個國家的問題，而是整個歐洲的問題，甚至會成為全球性的問題。歐洲債務問題已經成為歐盟的普遍性問題，如果任其發展和惡化，是存在引發崩潰式危機的可能性的。

追尋這次危機的根源，歐洲金融機構幾乎一致認為：這次歐債危機是美國次級房貸危機在歐洲的延續。歐債危機像旋風一樣席捲歐洲的同時，「默科齊」一詞成為歐洲媒體最流行的時髦詞。「梅科齊」是德國總理梅克爾與法國前總統薩科齊的姓氏組合，其意指德、法在應對歐洲債務危機中不經過民主程序，獨斷專行，與歐盟其他成員漸行漸遠。

「梅科齊」的流行，在某種程度上反映出歐盟及其他成員對德、法在應對歐債危機時「爭權奪利」的不滿和失望。有識之士指出，歐

債危機不僅僅是債務危機，它更多反映出了歐盟的制度缺陷。

從全球的視角出發，全球金融危機是歐洲債務問題的外部誘因。各經濟體為了應對金融危機，擴大財政支出是必然的選擇，金融危機直接擴大歐洲經濟體的財政赤字和公共債務規模。但是，歐洲債務問題的普遍性和嚴重性均超出歐盟的自我約束和市場的預期，其內在的根源和制度性缺陷發揮了主導作用。

歐元區的國家大多是中小國家，產業結構單一，在啟動歐元後，這些國家並沒有及時地調整經濟結構和產業合作。最主要的問題是歐元區雖然在貨幣上實現了統一，但各國的經濟發展思路和政治並不統一。歐洲一體化不僅僅是為實現貨幣統一，更是要建立一個政治聯盟。由於歐盟各國各自為政，每個國家的政治經濟情況完全不同，所以各國的政策完全不同。

因為歐盟各國的政治經濟情況都不相同，每個國家都根據自身的國情制定不同的政策，歐盟的統一並非真正的統一，這就決定了歐元沒有穩固的基礎。各個國家都可能採取各自的方式促進經濟發展，比如減稅，而這就直接造成了該國財政赤字擴大，無疑加重了政府的財政負擔。

雖然像德國和法國這樣的歐元區核心國家的經濟實力比較強大，但像希臘這樣的實力較弱的國家是歐元區的薄弱環節。儘管德國和法國對陷入債務危機的弱國出手相救，但也只能起到緩解的作用，因為他們自身也存在著財政赤字的情況，援助過多，自己也很容易陷入危機之中。

很多人都把希臘比作「毒瘤」，將歐元區的債務危機歸咎於希臘，

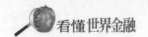

但事實上希臘只占歐元區 GDP 的 2%，只是冰山一角而已。希臘之後的西班牙、葡萄牙、愛爾蘭都大有步其後塵之勢。歐元區要面對的不僅僅是歐元體制及整個歐洲的問題，還涉及美國。歐元區的迅速發展威脅到了美元的霸主地位，對於這樣的敵人，美國怎麼能任其繼續發展？在美國強有力的壓制之下，歐洲想擺脫債務危機真是難上加難。

脆弱的歐元內憂外患，內部有債務危機不斷傳染，外部有美國的打壓和攻擊，在這種情況下，歐元前景堪憂。

美國「幫倒忙」

歐盟和美國已經是老夥伴了。第二次世界大戰結束後，美國曾斥鉅資實施「馬歇爾計畫」，幫助歐洲恢復經濟，當然，此舉也鞏固了美國資本在國際市場上的壟斷地位。依此來看，美國面對深陷主權債務危機的歐洲是不能袖手旁觀的，多多少少也會提供一些幫助。

回顧歐債危機剛剛發生的時候，歐盟各國局勢混亂之際，歐盟將求助的目標甚至轉向了新興市場國家。面對此情此景，美國是怎麼表現的？美國共和黨總統競選人、麻薩諸塞州前州長羅姆尼曾表示，「一分錢也不會給歐洲」。

另外，美聯儲官員也曾明確表示，美聯儲的作用是幫助美國發展經濟，不會把重心放在解決歐洲問題上。雖然 2011 年 11 月底的白宮美歐領導人年度峰會上，歐巴馬承諾會加強美歐經貿合作，攜手重振經濟、創造就業，但他直言，在歐元區應對債務危機過程中，美國將提供的是「建議和指導」。

美國不打算真心幫助歐洲，那麼如果不插手歐洲恢復計畫還好，美國卻是在不停地「幫倒忙」。

國際信用評級機構標準普爾公司（標普）2012 年 1 月 16 日發佈公告，將歐元區臨時救助機制─ 歐洲金融穩定工具的信用評級下調一

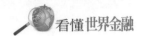

級，也就是從最高的ＡＡＡ級下調至ＡＡ＋級。這是標普繼2012年1月13日下調歐元區九國信用評級後又一次發佈重要預警，此舉再次引發震動。

深陷債務危機的歐盟各國正在團結一致，採取一切措施解決危機，美國的信用評級機構卻在此時發佈公告降低歐洲金融穩定工具的信用評級，這說明了什麼問題？美國在落井下石，推波助瀾。

歐元成為僅次於美元的第二大儲備貨幣，占全球貨幣儲備總量的份額不斷增加，對美元構成了巨大威脅。這是美國三大評級機構實施輪番「唱衰」歐元的計畫，拋出「歐元崩潰論」、「歐元終結論」的主要原因。歐債危機愈演愈烈，歐元地位不穩，這正是美國希望看到的局面。

因為歐元被「唱衰」，國際投資機構對歐洲的信心就會大減甚至喪失，這樣大量資本就會流向美國。這就是美國打的如意算盤。美國現在債臺高築，聯邦政府債務不久前又一次逼近上限，舉債額度距現有的 15.2 兆美元上限僅剩 1000 億美元。目前美國政府債務占 GDP 比例接近 70％，比美國二次世界大戰之外的任何一個歷史時期都高。大量吸引外國資本流入才是美國緩解危機的上策。

除了「唱衰」歐元外，美國還趁火打劫，在歐洲進行併購。

歐洲股票因為歐債危機和歐元區面臨解體而下跌，歐元兌美元匯率也在不斷下跌。美國富國銀行收購了一家愛爾蘭銀行 33 億美元的不動產貸款；美國第一資本金融公司則以 90 億美元收購了荷蘭國際集團在美國的網上銀行部門；美國強生收購了瑞士辛蒂思公司；美國黑石集團從德國商業銀行手中收購了 3 億美元的不動產抵押貸款，抵押品

包括邁阿密、芝加哥等城市的高級酒店。

利益面前，曾經的老夥伴情誼變得一文不值。從目前的狀況來看，美國在不斷實行嚴厲的政策打壓歐盟，遏制歐洲經濟的恢復進程。但美國應該明白，在全球化的今天，沒有一個國家能夠獨善其身。在經濟成長的道路上，世界各國是相互依存的。歐債危機已發展成歐元危機，如果歐元失敗，那引發的將是全球經濟的災難。各國合作才是共贏發展的良策。

是美國在助推歐債危機的繼續發展，那麼美國會幫助歐盟擺脫危機實行共贏嗎？這就要看美國是真聰明還是假聰明，是深謀遠慮還是鼠目寸光了。

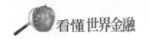

風雨十年後，歐元能逃棄兒命運嗎

從蹣跚學步到漸漸成熟，歐元承載著歐洲統一的夢想，走過了風雨十年。歐元的誕生，讓一些歐元區成員國嘗到了經濟一體化帶來的巨大實惠。

其中，德國是歐元的最大受益國，統一市場的建立、貿易壁壘的消除，成就了德國外向型經濟的騰飛。美國麥肯錫管理研究基金會認為，德國過去 10 年經濟增長的 2/3 得益於歐元。法新社則認為，歐元的使用減少了匯率波動的風險和成本，促進了歐洲市場的一體化進程，加強了歐元區成員國之間的貿易。在遏制通膨方面，歐元也功不可沒。資料顯示，自歐元流通以來，各成員國的平均通膨率僅為 2%。

其實，在歐盟和歐元建立之初，歐洲人考慮到美國是個大阻礙，便利用美國金融資本和產業資本在歐洲的利益說服美國政府不要反對歐洲整合。正因為如此，歐洲的發展才如此迅速。

直到 2008 年金融危機以後，美國才發現美元原本占世界 80% 的國際儲備貨幣地位和國際貿易結算地位，約 25% 左右被歐盟搶佔。而歐盟內部貿易佔 70% ～ 80%，形成了比較封閉的市場。原本跨大西洋軸心，現在美國被歐洲人推出去了……這些都是美國人沒有預料到的。

歐元被推選為與美元比肩的貨幣，但當歐債危機襲來，不少人都

在疑惑：歐元到底怎麼了？

中國空軍指揮學院戰略研究室教授、空軍少將喬良、北京航空航太大學戰略研究中心主任王湘穗認為，歐債危機和美國有一定關係。雖然不能說歐債危機完全是由美國製造的，但是毫無疑問，美國做了自己想做的事情。因為歐元被世界看好，讓美國膽戰心驚。

希臘首先陷入嚴重的債務危機之中，為什麼？想想希臘的債務是由美國高盛經手就明白了。美國高盛推倒了歐債危機的第一張骨牌後，緊接著歐洲五國的債務危機陸續上演。

事實上，歐巴馬政府的策略核心就是走強勢美元的道路，主要目標就是攻擊歐元。歐洲的平均債務水準並不高，約80％左右美國的債務水準則達到了百分之百，這樣比較起來，歐洲按理不應該爆發主權債務危機。執筆中國媒體第一個「中國與世界」經濟年度白皮書的張庭賓認為，歐債危機爆發的根本原因在於，美國具有全球唯一的戰略金融隊伍，包括評級公司、對沖基金和媒體，可以控制全球的熱錢；美國屬於一體化國家，雖然是兩級政府，但中央集權仍然很強勢。歐洲雖然實現了歐元的一體化，但財政處於分裂狀態。

現今歐盟成員國不斷改革財政紀律表明他們選擇了向前走的道路，給歐元找一條活路。

有分析人士預測了歐元可能崩潰的兩種方式：其一，希臘、愛爾蘭、西班牙等幾個弱國最終被踢出歐元區，重新使用新貨幣，並讓新貨幣貶值；其二，德國退出歐元區，重新使用馬克，再吸收荷蘭、比利時、盧森堡、奧地利等組成「馬克區」，讓馬克升值。不管歐元區採用哪種方式，都必須「斷腕求生」。這是一個很殘酷的問題。

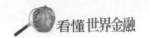

　　總之，持續不斷的債務危機讓歐元走向全球化的夢想破碎了。問世 10 年，歐元成了債務危機和經濟衰退的標誌。從 2010 年年底到整個 2011 年，債務危機逐漸從歐元區邊緣國家向核心國家蔓延，認為「歐元 5 年內崩潰」的理論在歐元區融資成本普遍升高時風行了起來，尤其是號稱「歐洲最安全的國家債券」德國 60 億歐元 10 年期國債遭遇市場冷眼的時候，歐元前景出現了由好到壞的歷史性轉折。

　　大商所期貨學院教委委員劉新濤在接受《國際金融報》記者採訪時表示，如果歐元區分家，必將造成歐盟分崩離析，這也意味著歐洲作為世界一霸的地位一落千丈。如果歐元區不大刀闊斧地展開一致的財政改革，歐元會在 5 年內消失。

　　高盛全球經濟、商品和策略研究高級分析師戴利曾表示，自 2009 年起，歐元區將經歷「失去的十年」。投資大師羅傑斯表示，歐元無法以目前的形式度過下一個十年。

　　王湘穗認為：「我不大相信純屬巧合。有很多人認為是不是又在談陰謀論。其實我不是陰謀論者，我並不認為所有的事情都是被陰謀家們嚴絲合縫地設計。美國所做的，我們姑且不把它當作陰謀。但可以認為是有計畫的。」

　　歐元和美元的博弈，經過 10 年時間。雖然現在不能說塵埃落定，但可以說歐債危機已使歐洲難以自拔。現在歐元區最大的問題不是能否暫時解決債務危機，而是歐元能不能繼續存在下去，能不能逃過棄兒命運。

第二章 全球化下的美元霸權

　　以布雷頓森林體系確立為標誌，美元取得世界貨幣金融霸主地位已逾半個世紀。儘管日圓和歐元曾經試圖挑戰美元的霸權地位，但美元地位巍然不動。

　　美元霸權使美國金融霸權成為可能。隨著世界經濟全球化的程度日益加深，美元霸權在不同時期呈現出不同的表現形式，但本質上是對持有或使用美元的經濟活動徵稅和掠奪，這導致美元的強勢地位，使美國經濟泡沫化、腐敗化，也導致世界其他國家在為美元買單。

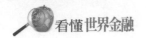

美元，就是這樣榮登世界金融寶座的

國際貨幣基金組織（IMF）的資料顯示，雖然美元的儲備有小幅下降的趨勢，但其主要儲備地位依然穩固。

美國是軍事和經濟強國，美元成為世界貨幣有著歷史必然性。1918~1939 年，儘管一次世界大戰爆發，大量資金的支出使紙幣出現，但此時仍然是金屬貨幣統治著世界經濟。這一時期由於經濟實力相當，美元和英鎊成為一定意義上的世界貨幣，但這一局面很快就被打破了。英國在二次世界大戰戰場上節節敗退，美國大發戰爭財，而且，在二次世界大戰結束以後，美國的工業產量已佔據全世界工業產量的大約一半，並擁有強大的中央銀行。美國的自然資源也極其豐富，美國生產了全世界一半的煤和 2/3 的石油。這樣一來，美國的經濟實力明顯地超過了英國。

美國「戰勝」了經濟上與自己實力相當的英國後，自然而然地榮登金融霸權寶座。1944 年 7 月 1 日，包括中國在內的 44 國代表雲集美國新罕布夏州的布雷頓森林，舉行了「聯合國國際貨幣金融會議」，討論英美兩國政府分別提交的凱恩斯計畫和懷特計畫。

凱恩斯計畫是英國財政部顧問凱恩斯擬訂的國際清算同盟計畫，國際清算同盟相當於世界銀行。由國際清算同盟發行 240 億美元價值

的貨幣，會員國中央銀行在國際清算同盟開立往來帳戶，各國官方對外債權債務透過該帳戶用轉帳辦法進行清算。順差國將盈餘存入帳戶，逆差國可按規定的比率向同盟申請透支或提存。這種國際貨幣名為「班克」（Bancor），它以固定的比例直接與黃金掛鉤，會員國可用黃金換取班克，但不可以用班克換取黃金，該計畫允許用「紙黃金」替代相對稀缺的貴重金屬。其實，凱恩斯計畫就是成立一個由英美共同主導的世界中央銀行。這個計畫是基於英國當時的困境，儘量降低黃金的作用。暴露出了英國企圖和美國分享國際金融領導權的意圖。

此時的美國擁有超過 3/4 的世界黃金儲備，奠定了獲得霸權地位的資本基礎。懷特計畫是美國財政部長助理懷特提出的聯合國平準基金計畫，企圖由美國控制聯合國平準基金，懷特認為，只有以黃金為錨的美元才有資格充當國際貨幣，強調以基金制為基礎，基金貨幣直接與美元掛鉤，間接與黃金掛鉤。基金規定使用的貨幣單位為「尤尼它」（Unita）。各會員國在基金組織裡的發言權與投票權和其繳納的基金份額成正比。主張穩定貨幣匯率，取消外匯管制和各國對國際資金轉移的限制。懷特計畫實際上是在強調美國的作用，足以顯示出其對世界金融霸權寶座的野心。

最終，會議通過了以懷特計畫為藍本的《國際貨幣基金協定》和《國際復興開發銀行協定》，即《布雷頓森林體系》。美元直接與黃金掛鉤，各國政府可以以 35 美元 1 盎司的價格向美國兌換黃金。美國堅持以金本位為基礎，在此基礎上建立新的國際匯率和貿易體系。美國通過馬歇爾計畫援助歐洲等國的重建，向各國發放大量美元紙幣，而各國則透過美元購買美國商品重建國家。這就形成了一個資金運動

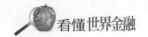

的循環。

就這樣，世界上新崛起的超級貨幣——美元的地位透過世界上主要國家簽署的協定得到確立，它被當成世界貨幣來衡量其他貨幣，其地位顯而易見，這是 2500 年的世界貨幣史上前所未有的。據統計，該計畫於 1947 年 7 月正式啟動並整整持續了 4 個財政年度。

布雷頓森林體系的實質是建立以美元為中心的國際金匯兌本位制，又稱美元——黃金本位制。國內不流通金幣，而是銀行券。銀行券可以兌換外匯，該外匯須到國外兌換黃金。在英國霸權時代的國際金本位下，黃金的流動是自由的，居民可以自由兌換黃金。而在布雷頓森林體系下，兌換黃金則有很大的限制。美國只同意外國政府（外國居民不可）在一定條件下用美元向美國兌換黃金。

二次世界大戰結束後的 10 年，因為歐洲、日本復興所需要的關鍵技術和材料，都必須從美國進口，需要用美元結算，所以出現了美元重於黃金的現象。美元在戰後國際貨幣體系中處於中心地位，成了黃金的等價物。此後，美元成為國際清算的支付手段和各國主要的國際儲備貨幣。

誰能撼動美元的霸權地位

美元霸權是美國建構超級大國的一塊基石,美國國際關係學專家羅伯特·吉爾平將其與核武器的作用並列起來:「美國霸權的基礎,是美元在國際貨幣體系中的作用和它的核威懾力量擴大到包括了各個盟國……美國基本上是利用美元的國際地位,解決全球霸權的經濟負擔。」

從 1900 年至 1914 年即至第一次世界大戰開始,美元在國際貨幣舞臺上開始崛起。儘管在這一時期,美國的國民生產總值已超過英國,是世界第一經濟大國,但美元仍未能撼動英鎊的世界貨幣霸主地位。

從 1914 年至 1945 年即至第二次世界大戰結束,美元逐漸超過英鎊的信譽和影響,以布雷頓森林體系確立為標誌,美元壓倒英鎊,初步取得世界貨幣金融霸主地位。從 20 世紀 40 年代中期即第二次世界大戰結束至 50 年代後期,是美元進一步擠壓英鎊,最終確立世界貨幣金融霸主地位的時期。

經過幾十年的發展,從 2010 年開始,美元不斷貶值,國際大宗商品等資產價格上漲,全球財富將重新分配。一是美元貶值,降低了美國出口商品的價格,促進了其出口產業,抑制了進口,從而透過貿易管道改變全球財富。二是隨著美元貶值,主要新興市場經濟國家以

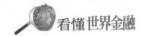

美元儲備為主的外匯資產及美元債權將嚴重縮水，美國的外債卻會在無形中「減負」，導致全球財富重新分配。三是一些資金實力雄厚、擁有豐富國際金融市場運作經驗的投資基金將抓住資產價格波動的契機，以熱錢的形式加大在新興市場的投機力度，放大資產價格波動幅度，促進新興市場經濟國家資產價格泡沫的形成，藉由快進、快出賺取利潤。

當美國知道大家都不得不儲備美元時，就索性狂印鈔票，讓美國老百姓都有足夠的錢花，從而刺激經濟發展。按理說，一般情況下，當某個國家的鈔票印多了，貨幣就會貶值，就會出現通貨膨脹，原來5塊錢能買1斤豬肉，現在5塊錢只能買半斤豬肉。

但是美國不同，因為美元的獨特地位，其他國家往往都會存儲美元，這就意味著被儲存的這部分鈔票沒有在美國流通，所以美國國內並不存在通貨膨脹的問題。打個比方，如果美國向中國借100美元，不管中國是借給美國人民幣還是美元，最終衡量的標準都是美元。如果中國借了100美元，那麼美國只要多印些美鈔就行了，這樣，美國很容易就把錢還清了。由於美國印多，美元自然就要貶值，那麼此時美國還是還給中國100美元，但這時候的100美元和當初借錢時的100美元就不等價了，可能相當於原來的90美元或者更少，因此，在這場交易中，中國賠錢了。所以，我們常常看到美國人的生活是很奢侈的，住大房子，開大排量汽車，用大冰箱，甚至很多人都擁有遊艇。

在經濟全球化，美元霸權地位依舊的今天，其他國家想要逃離美國的影響和控制很難。美元無處不在，因美國濫發鈔票所導致的通貨膨脹無所遁形。當美元貶值時，國際市場通貨膨脹變得嚴重起來，包

　　括中國在內的開發中國家對美歐等已開發國家的貿易順差就會增大，同時，國際收支的資本項目也失衡，表現為資本順差過大。這樣，進出口出現的貿易順差與資本項目出現的資本順差就構成了國際收支的雙順差。

　　時至今日，原油和大型客機的交易仍只以美元結算。在全球外匯市場上情況也是如此，其日均交易額在 4 兆美元左右。美元在這方面處於支配地位是因為它還參與了用第三國貨幣結算的交易。例如，當在一次外貿交易完成後需要將英鎊兌換成巴西貨幣雷亞爾時，因為缺少易於完成這種交易的市場，所以通常不會發生直接兌換，而是先將英鎊兌換成美元，再將美元兌換成雷亞爾。

　　美元的霸權地位讓美國成為全球經濟霸主，不僅如此，在軍事、能源等方面美國都佔據了老大的位置。美元主導貨幣地位持續了 60 多年，然而歐元的問世和運行，對美元霸權地位構成越來越大的挑戰。尤其是 2007 年美國次級房貸危機和 2008 年美國金融危機，迅速引發全球金融海嘯和世界經濟衰退，美國貨幣政策信譽和美元霸權地位都受到很大衝擊。但不可否認，美元仍是國際上最重要的儲備貨幣。

　　中國社會科學院世界經濟與政治研究所研究員沈驥如認為，雖然目前美元持續貶值，但美元的霸權地位短期內難以撼動。在霸權的基礎上，美元無論是升值還是貶值，對美國都是利大於弊，美元匯率變動不會對美元霸權地位造成重大影響。美國經濟向好或處在繁榮期，美聯儲就提高利率，導致美元升值，吸引全球大量儲蓄流向美國，滿足美國政府和企業的資金需求。美國經濟不景氣或陷入衰退期，美聯儲則降低利率，誘導美元貶值，刺激投資和擴大出口。

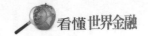看懂世界金融

　　美國強大的科技創新能力和毋庸置疑的軍事實力使得美元的霸權地位得以長期維持，並且穩固發展。儘管日圓和歐元曾經試圖挑戰美元，但都未能取得圓滿的結局，反倒使自己的經濟承受了巨大打擊，美國和美元則繼續其霸權地位。由此來看，哪個國家都難以撼動美元的霸權地位，至少短期內難以實現。

金融「巨獸」美聯儲

世界上不存在只有利益而無矛盾的國際貨幣體制。自 20 世紀 60 年代起，美元的「長期貶值趨勢」一直是人們談論的話題，但每當危機爆發後，不論危機的原因如何，亦不論危機爆發於何處，美元依舊是各國政府或投資者確保資產安全與規避風險的「救命稻草」。美元的地位不僅沒有下降，反而有所上升。

美元之所以能夠成為「救命稻草」依賴於金融「巨獸」美聯儲。美聯儲透過執行各種貨幣政策影響著全球經濟，扮演著世界銀行的角色。葛林斯潘、伯南克等美聯儲主席不僅是全球政治與經濟舞臺上的主角，還是美國權力金字塔上僅次於總統的第二號人物。這說明美聯儲早已成為美國的一種權力壟斷體系了，但早期的美聯儲並不是這樣的。

《聯邦儲備條例》賦予美聯儲很高的獨立性，規定美聯儲直接對國會負責；禁止美聯儲向財政透支或直接購買政府債券；美聯儲完全不依賴於財政撥款，能夠拒絕審計總署的審計。此外，所有聯邦儲備體系理事會成員任期 14 年，不僅任期超過總統，還存在與所提名總統交錯任職的情況，從而避免了總統直接操縱的可能。因此，美聯儲是世界上公認的獨立性較高的中央銀行。

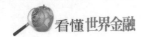

那麼美聯儲到底是怎樣一個機構呢？

20 世紀初，美國還沒有中央銀行，那時美國的商業銀行經常出現支付危機。因為銀行把錢都貸出去了，當儲戶來取錢的時候，它們沒錢支付。一家銀行如果沒有錢的話，風聲一旦傳出，銀行的門前就會排起長隊，因為所有的人都害怕明天取不出錢來，如果大家都去取，錢就真的取不出來了，這就是擠兌。說起中央銀行，並不是說自從有了從事存貸款業務的商業銀行那天起就有了中央銀行。中央銀行的出現有一個過程，也是有原因的。

1907 年，美國經濟出現了一些問題。大公司一家接一家倒閉。希奧多爾·羅斯福總統命人趕快去請金融巨頭摩根，讓他出面請求銀行家們合作。摩根立刻把所有的銀行家請到自己的私人圖書館裡，讓他們商量該怎麼辦。然後他把門鎖上，自己到另一間房子裡，坐在桌前悠閒地玩紙牌，等待著談話的結果。這些銀行家們一整夜都在那兒談，究竟怎麼辦才能解救這場危機。大家知道，當企業要倒閉時，銀行是不願借錢給企業的。越沒有錢，企業倒閉得就越快。如果銀行見死不救的話，就會呈現連鎖反應，整個經濟就會崩潰，他們自身也會遭殃。

於是這些銀行家們爭來爭去，有人說出 500 萬元，有人說 1000 萬元。最後快到天亮的時候，摩根推門進去說：「這是合約，這是筆，大家簽字吧！」他拿出早已起草好的合約，讓銀行家們簽字。這些筋疲力盡的銀行家們拿起筆在合約上簽了字，同意出 2500 萬美元去解救這場危機。幾天後，美國經濟就恢復了。

在上述事例中，摩根一個人充當了中央銀行的角色。在經濟活動中，缺少了央行，就無法動用適當的貨幣政策調節經濟，並且，沒有

了最後的貸款人，金融系統更容易出問題。1907年，蔓延的危機把美國的金融系統推向了崩潰的邊緣，好在當時的金融巨頭摩根及時出手，憑藉一人之力，扮演了央行的角色，挽救了美國的整個金融系統。

現在有一種觀點：美國的中央銀行美聯儲其實是一家私人銀行。這確實是一個驚人的內幕，一家私人機構擁有貨幣發行權，這對金融市場乃至全球金融市場意味著什麼？美聯儲與華爾街巨頭之間是怎樣的關係？有沒有什麼幕後不為人知的秘密？

經過次級房貸危機，美聯儲的曝光率越來越高，談論它的人也越來越多，而關於美聯儲是一家私人機構的說法也甚囂塵上。人們說：美聯儲被認為是與市場實現了完美互動，並被奉為中央銀行的「標杆」。在這光鮮的背後，美聯儲在本質上卻是一家私人機構。

不管怎麼說，這樣的事實是無法否認的：美聯儲是股份公司，而擁有股份的並不是美國政府，政府只是擁有美聯儲理事的提名和任命權，而因此引起的種種問題也讓人難以回答：

其一，我們知道貨幣發行權屬於一國央行所有，而美國憲法明確規定國會擁有貨幣發行權，那麼現在改由私有的美聯儲來執行貨幣發行權，是否在本質上符合美國憲法？這個問題的爭論曾經導致第一、二合眾國被關閉，意味著這種討論不是沒有價值。

其二，在美元本位之下，美聯儲不僅是美國的央行，甚至還是全世界的央行。但沒有任何國際機構對美聯儲的行為進行監管，對美聯儲在全球金融市場上發揮巨大的影響。

美聯儲作為美國的央行，可以隨意發行貨幣，也可以採取緊縮貨幣政策，它也可以隨時更改銀行準備金的標準或者貼現率，它還能決

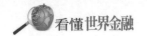

定整個國家的銀行利率，這些功能都深深影響著每一個美國人的生活。規律就是窮人變得更窮了，而那位於財富金字塔頂端的占總人口1%的富人變得更富有。所以湯瑪斯·傑佛遜指出：「我堅信銀行機構對我們的自由形成的威脅，比敵人的軍隊更嚴重……」

達爾文提出的「優勝劣汰」原則也適用於資本的運作——強者透過成功吸引更多的財富和資本變得更強，弱者將忍饑挨餓，直至死亡。昔日的美聯儲已經不再履行最初的職責了，而成為了美國的一種權力壟斷體系。這隻金融巨獸的特點就是什麼地方的經濟繁榮，它便將魔爪伸向哪裡。

美國傷風，全球感冒

「沒有人是座孤島，獨自一人，每個人都是一座大陸的一片，是大地的一部分。如果一小塊泥土被海捲走，歐洲就是少了一點，如同一座海岬少一些一樣；任何人的死亡都是對我的縮小，因為我是處於人類之中；因此不必去知道喪鐘為誰而鳴，它就是為你而鳴。」這是海明威在《戰地鐘聲》最前面引用的美國詩人巴索斯的一段話。這段話深刻道出了現代社會各國之間的關係。在大風暴面前，沒有誰能夠獨善其身。

2008 年爆發的美國金融危機至今仍讓不少人心有餘悸，這場金融危機勢如暴風驟雨，所過之處，國家經濟放緩、百姓收入下降、失業裁員之聲遍起，出現了全球經濟衰退的現象。真可謂是美國傷風，全球都跟著感冒。那麼究竟是什麼引發了此次波及全球的金融危機呢？「千里之堤，潰於蟻穴」，今天全球性金融危機的起因只不過是當初並不起眼的次級房貸危機。

2007 年年初，美國大多數人認為這只是美國金融的一次小感冒，然而，2008 年初，不斷出現的壞消息提醒人們次級房貸危機不僅沒有結束，反而在向縱深方向發展。這不是一場感冒，而是實實在在的一場危機，從虛擬經濟波及實體經濟，人們的生活已經受到影響，破產、

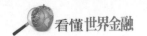

倒閉、裁員、減薪，壞消息一個接一個，全世界的神經都隨之緊繃了起來。

　　美國老太太年輕時貸款買房，臨終前還清貸款；中國老太太辛苦一輩子存錢買房子，臨死前終於存夠房款，大家都聽說過這個故事，這足以說明美國大多數人崇尚提前消費，貸款買房的制度就是一種非常好的金融制度。一般它要求貸款者付至少20%的頭期款，表示貸款者的責任心；其次，貸款的總數不能超過貸款者年收入的4倍，也就是說年收入10萬元的家庭，銀行頂多借給你40萬元買房子。但問題是，並不是每個美國人都有資格申請貸款買房。這時候，美國人利用自己的聰明智慧創造了「次級債」。根據信用的高低，放貸機構對借款人區別對待，從而形成了兩個層次的市場。次級房貸就是為那些本來沒有資格申請住房貸款的人創造一個市場，使這些信用不足的人或者貸款紀錄不良的人也可以貸款。這些次級貸款需要透過仲介機構來申請，仲介機構本來應該把住第一關，但是，仲介機構為爭取更多的業務，開始違規、造假，提供假的資料和假的收入證明。銀行看到申請人的信用紀錄很好，就貸款給他們。

　　就這樣，連收入證明都拿不出來的人也可以貸款，然後銀行又把這些貸款轉化成債券，賣給房地美和房利美，房地美和房利美再把這些債券分割成面值更小的債券，賣給全世界的投資者，包括AIG等公司。終於有一天，這些次級債的借款人開始還不起利息，銀行拿不到利息，就不能向房地美和房利美兌現，房地美和房利美拿不到錢就無法給社會大眾，於是引發一連串的經濟問題。美國經濟陷入衰退的漩渦。

　　美國次級債的購買者來自世界各地，美國次級房貸危機的發生，讓這些投資者不得不接受危機帶來的巨大損失。在全球一體化的今天，借助金融產品的關聯與風險傳導，歐洲、日本等已開發國家的金融體系受到很大衝擊，股市動盪，投資者信心嚴重動搖，世界經濟的發展受到了嚴重的影響。

　　另外，美國為了緩解經濟衰退，主動讓美元貶值，美元貶值意味著什麼？各國持有的美元貶值，對美國的債權就減少了，美國債務降低，各國財富在無形中向美國轉移。

　　美國次級房貸危機導致其進口貿易萎縮，美國是最重要的進口市場，而美國經濟的衰退將會降低美國的進口需求，這就直接導致了其他國家的出口減緩，進而影響到這些國家 GDP 成長。這對那些依靠淨出口拉抬經濟增長的國家或地區，如加拿大、墨西哥、德國、東亞新興市場國家和石油輸出國家而言影響很大。

　　如今，整個地球變成了「地球村」，每個國家之間都有或多或少的「血緣關係」，所以，金融危機的發生不是美國的事，其他國家都很難獨善其身，全世界都要為美國的損失買單。

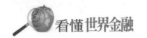

金融全球化：是陷阱還是坦途

　　縱觀世界金融發展的歷史，幾乎一直是美國主導作用，毫不誇張地說，美國操控著金融全球化。在美元統治全球金融交易的情況下，金融的全球化正在一步步地加深。金融全球化是機遇，更是挑戰。就像美國前任財長勞倫斯·薩莫斯所說的：國際金融帶來了巨大的利益和風險。當金融進入新興市場經濟體時，這一切會變得更加嚴重，因為這些經濟體的管理水準相對低下，公共財政比較虛弱，透明度差，腐敗更多，還存在更多的關聯交易，法律體系也更虛弱，對於產權的保護也不力，對於銀行的依賴更強，簡言之，更低的道德風險水準、反向選擇以及其他風險水準。如果有人將這些與忽視外國投資者對於收益和安全性放在第一位的考慮結合在一起，風險是顯而易見的。

　　20 世紀 90 年代以來，「金融全球化」是人們使用頻率很高的一個名詞。法國學者弗朗索瓦·沙奈認為，金融全球化是指各國貨幣體系和金融市場之間的聯繫日益緊密。這種聯繫是金融自由化和放寬管制的結果，但並沒有取消各國的金融體系，它們只是以「不充分」或「不完全」形式使其一體化並形成一個整體。

　　金融全球化從整體上有力地推動了世界經濟和國際金融的發展，帶來了眾多的利益。但是，別忘了，這些都是在美元的統治之下的，

美元是背後的操控者。當美國的利益受損時，美國必然會利用其現有的權力轉嫁其損傷，扭轉局面。金融全球化是全球金融活動和風險發生機制日益緊密關聯的一個客觀歷史過程。

和經濟全球化一樣，金融全球化也是一把雙刃劍，客觀上會產生積極和消極兩個方面的效應。

金融全球化可以透過促進國際貿易和國際投資的發展來推動世界經濟增長；可以促進全球金融業自身效率的提高；促進金融機構的適度競爭，降低流通費用，增強金融機構的競爭能力和金融發展能力；金融全球化加強了國際監管領域的國家協調與合作，從而可以適當降低並控制金融風險。

衍生性金融工具本身是作為避險的工具產生的，但過度膨脹和運用不當，滋生了過度投機、金融尋租和經濟泡沫，剝離了金融市場與實體經濟的血肉聯繫反而成為產生金融風險的原因。金融全球化會削弱國家宏觀經濟政策的有效性。當一國採取緊縮貨幣政策，使國內金融市場利率提高時，國內的銀行和企業可方便地從國際貨幣市場獲得低成本的資金，緊縮貨幣政策的有效性就會下降。金融全球化還會加快金融危機傳播速度。隨著金融危機在全球範圍內的傳遞，增加了國際金融體系的脆弱性。

另外，金融全球化對不同國家的影響也是不同的。

像美國這樣的已開發國家是金融國際化的主要受益者。因為已開發國家擁有充裕的資金和高度發達的金融市場，在國際金融業的競爭中擁有絕對的優勢。但也有一定的不利影響，如在宏觀管理的難度增加、稅收、培養起許多競爭對手等方面。

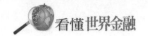

　　對新興市場國家而言，可以充分利用市場比較充裕的資金和先進的技術促進經濟迅速發展，即發揮後發優勢；促生一批新興的國際金融中心，從而改變金融市場單純依賴美國等已開發國家的局面；壯大了開發中國家在南北對話和南南合作中的力量，有利於建立國際經濟新秩序。但是，一旦經常項目連續出現赤字或國內經濟出現問題，國際資本匆匆撤離，嚴重衝擊新興市場國家的經濟發展；美國等已開發國家轉移夕陽產業和過時技術，也影響了新興市場經濟國家的可持續發展。

　　而未開發國家由於經濟落後，對國際資本缺乏吸引力，使這些國家金融市場國際化的步伐遠遠落後於新興市場經濟國家，有被邊緣化的傾向。儘管金融全球化帶來了部分資金，但許多現代經濟部門被外資牢牢控制，容易變成已開發國家的組裝工廠。

　　很顯然，在美國操控下的全球金融一體化的今天，任何一個國際金融體系的成員很難置身於發生在一隅的危機之外。金融全球化是陷阱還是坦途，各國要謹慎對待。

全球經濟失衡助長美元流動性過剩

關於全球經濟失衡的爭論很容易讓人想起黑澤明的經典電影《羅生門》中的情節。在這部傳奇影片中，森林裡發生了一起恐怖的兇殺案，每個當事人都從自己的角度講述了事情的經過，承認了犯罪事實，但是說法各異，誰才是真正的罪犯呢？

全球經濟不平衡會引發「犯罪」的事實是毫無爭議的：每個人都一致認為全球經濟不平衡現象日趨嚴重。美國和其他一些已開發國家入不敷出，而其他大部分國家，如中國、東亞新興市場國家、石油輸出國、許多拉丁美洲國家以及德國和歐洲的少數國家則剛好相反。然而，至於誰才是全球失衡的罪魁禍首？誰應該受到懲罰？答案卻莫衷一是。

其實，造成目前全球經濟失衡的「罪魁禍首」恰恰是美國。這是因為，憑藉著美元的世界貨幣地位，美國可以採用發行美元等方式向全世界借債，美國人只要輸出美元，就可以維持其「低儲蓄、高消費」的經濟運行模式。這一過程中，東亞國家、中東石油出口國的巨額貿易順差及龐大外匯儲備重返美國，支撐了美國人的消費。

所謂全球經濟失衡是指這樣一種現象：一國擁有大量貿易赤字，而與該國貿易赤字相對應的貿易盈餘則集中在其他一些國家。2005 年

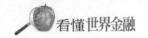
2月23日，國際貨幣基金組織總裁拉托在題為《糾正全球經濟失衡——避免相互指責》的演講中正式使用了這一名詞。並指出當前全球經濟失衡的主要表現是：美國經常帳戶赤字龐大、債務增長迅速，而日本、中國和亞洲其他主要新興市場國家對美國持有大量貿易盈餘。

美國作為當今主要國際儲備資產的供給國，其國際收支與其他國家的美元儲備資產之間具有一定的對應關係，世界各國對美元儲備資產需求的增加可能導致美國國際收支逆差的增加；美國國際收支逆差的增加，也可能導致其他國家儲備資產被動增加。因此，要理解當今全球經濟失衡就有必要分析當今國際儲備貨幣的供求狀況。

國家持有外匯儲備的主要原因是對付無法預測和臨時的國際收支不平衡，因此儲備需求理論認為合理的國際儲備規模應該由一個國家基於儲備用完情況下產生的宏觀經濟調控成本和持有儲備的機會成本的平衡來決定。

近年來世界國際儲備總量增長很快，但世界各國儲備傾向的發展很不平衡。從儲備與進口的比率看，發達經濟體的儲備傾向自 20 世紀 80 年代中期以來比較穩定，近年來還有下降的趨勢。而新興市場國家無論是從儲備與進口的比率或儲備與短期債務的比率來看，其儲備增長傾向非常快，其中亞洲新興市場國家最為突出。而開發中國家的儲備增長傾向有所增長，但不如新興市場國家突出。

開發中國家，尤其是新興市場經濟國家在經歷了一系列貨幣金融危機以後，加強了國際儲備。但應該看到，這對他們而言，是在經濟開放過程中應對動盪不定的國際經濟環境的一種迫不得已的選擇。開發中國家由於資本相對稀缺，其投資的邊際生產率往往很高，所以其

高儲備的機會成本十分高昂。

　　正是由於美國在國際儲備貨幣供給中的壟斷地位和開發中國家、尤其是新興市場國家對國際儲備的強烈需求，使美國的經常項目逆差與亞洲國家經常項目的順差和國際儲備的大量累積相對應，從而導致國際社會所關注的全球經濟失衡問題。

　　事實上，在美國經常帳戶赤字不斷走高的過程中，尤其是 2001 年以來，其他一些因素扮演了更為重要的角色。為了克服經濟衰退，布希政府向國會提交的大規模減稅政策使美國的財政赤字激增。從 20 世紀 90 年代開始，美國政府債臺高築，開始大規模發行國債，並被中國和其他新興市場所購買。在這個過程中，這些國家的罪過僅是購買了那些債券，相反，美國的罪過則是有意實施了加速經常帳戶赤字的政策。

　　美國的經常帳戶赤字不斷刷新紀錄，而在這一過程中，美聯儲也同樣難辭其咎。2001 年以後，美聯儲實施寬鬆貨幣政策，大量發行基礎貨幣，而對金融系統的監管鮮有作為。

　　這些政策而非「全球儲蓄過剩」創造了房地產市場的繁榮，致使美國儲蓄率下降，住宅投資率上升。雖然國外儲蓄為美國房地產提供了資金融通，但起初是美聯儲創造了這種不可持續的繁榮，並吸引了這些國外資金。

　　20 世紀 90 年代，美國經常帳戶赤字的上升主要是因為網路泡沫和相應的股市繁榮吸引了國外資本流入，這反過來又促使美國人儲蓄更少、消費更多，進一步助推赤字擴大。泡沫破滅之後，赤字規模本應下降，事實卻恰恰相反：布希政府主導的、不計後果的財政政策使

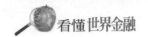

赤字繼續飆升。

　　2004 年之後，鬆懈的聯邦監管助長了難以持續的房地產泡沫，美國經常帳戶收支持續惡化，儲蓄率繼續下降，國外投資者瘋搶各種各樣的抵押貸款衍生證券。直到 2007 年之後，房地產泡沫破滅。進口下降，家庭儲蓄增加，美國的經常帳戶赤字才最終下降。另外，石油價格的下降也進一步促使赤字規模的收縮。過去幾十年來，正是美國所實施的政策帶來了這個惡果。輕率的稅收減免政策，漫不經心地放縱房地產泡沫，最終使美國自掘墳墓。

　　從長期看，解決全球經濟失衡的根本途徑在於減少世界各國對美元儲備資產的需求，但這是以美元霸權削弱為條件的，它必將遭到美國政府的反對。而美國目前所主張的解決全球經濟失衡的措施不利於問題的根本解決，從長期看還會進一步加劇全球經濟失衡。因此，對全球經濟失衡問題的解決將是一個漫長、充滿矛盾和摩擦的過程，具體措施的選擇將因不同時期國際經濟格局的變化而不同。中國作為一個經濟還相對落後的開發中國家，明智的選擇是力所能及地參與國際經濟協調與合作的同時，盡最大努力保持國內經濟快速、健全發展。

第三章 金融讓誰更富有

在金融全球化的今天，很多人對「金融化」能帶來巨大財富深信不疑，但是，它給誰帶來了巨大的財富？事實證明，全球財富時時刻刻都在發生著轉移，只是，這樣的財富轉移是如何發生的呢？

統治世界金融的華爾街一貫是全球矚目的焦點，華爾街的金融家們處心積慮，極力鼓吹借債消費、自由市場經濟和全球化的經濟模式，利用各類衍生工具和對沖基金，透過各式金融創新掠奪著世界財富，他們才是金融全球化的最大受益者。

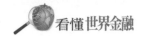

全球財富是如何發生轉移的

1973 年，布雷頓森林體系崩潰，這代表著美元與黃金掛鉤的歷史終結，導致美元貶值 10%，美元貶值就意味著各國手中持有的美元貶值，各國的財富在無形中向美國轉移。

1997 年亞洲金融危機，國際金融大鱷狙擊泰銖、攻擊港幣，然後橫掃亞洲各國，這就在無形中帶走了大量財富。

這都是歷史上著名的全球財富轉移的例子。其實地球上自從有了人類，財富轉移就在持續發生。全球財富轉移既有內在的原因，也有與其相適應的外部條件。我們先來看內在原因是什麼。

我們要生存和發展，就必須不斷地創造財富。財富創造出來之後，要以某種資產形式保存起來。從大的方面來講，有兩種保存財富的資產形式，一種是金融產品，一種是物質產品。金融產品的主要形式就是貨幣，在金屬貨幣時代，就是黃金白銀；在紙幣時代，金融產品就成了紙幣。隨著金融的創新和發展，股票、期貨相繼出現，金融產品變成了一堆數字。在當今經濟全球化背景下，居民面對的金融產品不僅有本國的貨幣，還有世界上其他國家的貨幣，可選擇的範圍很廣。

人的一生中需要的財富是多種多樣的，如柴、米、油、鹽、房屋、衣服、交通工具等，但是人不可能把自己的財富全部合理分配到自己

所需要的所有產品上，實現完全的自給自足。為了解決這個矛盾，市場就產生了。有了市場，人類就可以很方便地拿自己手上的產品去交換自己沒有但又需要的產品了。

市場解決了原先的矛盾，但又帶來了新的問題。我們知道，要進行市場交換，就必然產生市場價格。市場價格就是一種產品與另一種產品的交換比例，這個比例不是固定不變的，總是處在不斷的漲跌之中。出現這種現象之後，人們不僅關心怎樣生產創造財富，也關心怎樣讓財富在價格漲跌中保值，甚至是升值。

你的財富被別人轉移了，是說你沒有保護好自己的財富。這說明你的財富在價格的漲跌中大幅縮水了，不值錢了，購買力下降了，這是件讓人頭疼的事。在市場經濟中，購買力非常關鍵，它是我們密切關心的問題。

生產財富很重要，保護財富更重要。所以，我們首先要對資產的價格變化方向作出正確判斷。在資產的轉換中選擇正確的方向，財富才會在價格的一漲一跌中保持穩定或增長。其次要選擇好時機，正確地轉換資產形式。誰把握的時機對，轉得準、轉得到位，誰就可以保護好自己的財富。相反，那些時機把握得不好，轉得不準和不到位的人，其財富就很容易縮水。後者的損失就是前者的獲益，從而也實現了財富的轉移和購買力的轉移。

美國是一個很會搜刮財富的國家。二次世界大戰中，美國利用戰爭把財富轉移到本國；如今，美國又借助強大的經濟、科技、金融和政治優勢，透過不斷開放的市場，對開發中國家進行大肆掠奪，導致財富由開發中國家向美國大量轉移。中美之間的不等價交換就是一個

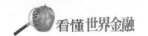

很好的例子。發展中的中國是不等價交換的弱勢方，也成為財富被轉移的一方。

這就是全球財富轉移的內在原因，下面我們來看看財富轉移的外部條件：

世界經濟增長不平衡和多極化可以保證全球市場不同資產價格的分化。在這種情況下，有的資產價格在上漲，有的資產價格在下跌。當下世界形成了歐美國家的經濟增長極，同時又出現了中國、印度、俄羅斯、巴西所謂金磚四國的增長極。各國之間的經濟增長是不平衡的，在歐美經濟增長乏力的時候，金磚四國仍然保持強勢增長。如果只有一個增長極，那麼世界上的資產價格會隨著這個單一經濟體的經濟表現而起伏。當出現多個增長極且發展不平衡的時候，就必然出現資產價格的分化。如有色金屬、鐵礦砂等世界資源性產品的價格，就不會因為歐美經濟體的下滑而減少需求，因為金磚四國的強勁發展保持著對這些產品的較大需求，進而支撐這些產品的價格進一步上漲。這就為資產的轉移提供了方向和可能。

發達的全球金融資本市場，包括外匯市場、商品期貨市場、股票市場、資金借貸市場等，是實現財富轉移最有力的工具。如果沒有發達的金融資本市場，要把財富從原先的資產形式轉換為新的資產是很難實現的。拿有色金屬來講，首先得去找到那些要出售有色金屬的賣家；其次還得找到巨大的倉庫，來儲存買下來的金屬錠；再次，還得雇人照看倉庫，以免丟失；最後，要出售產品時，還得到處找買家。這期間耗時耗力，成本極高，可以說幾乎難以實現財富的轉移。當然，你還可以說，應該投資有色金屬的礦山開發，事實上這也是行不通的。

因為一時間到哪兒去找礦山？找到礦山又需要花多少成本？這種資產形式是需要長期經營的。當有了發達的金融資本市場時，局面就完全變了。比如說，只要在證券市場上買進有色金屬公司的股票，瞬間就可以完成資產的轉移，或者說，只要在商品期貨市場買進這類商品的期貨合約，就瞬間完成了這一資產轉移。

　　美國在金融危機中之所以能把其遭受的損失轉移出去，就是由於世界各國金融市場的存在。金融危機時，美國利用資產流動的特性，透過世界金融市場，以美元貶值的手段減輕自身的債務，完成了將財富從其他國家轉移到本國的過程。

華爾街：我對這一切上了癮

華爾街作為全球投機取巧的大本營，美國金融大鱷們在這裡翻江倒海，瘋狂掠奪著全球的財富。這些人並沒有為社會做一點貢獻，卻成為世界上數一數二的富豪。在這條全長僅有 500 多公尺、街面非常狹窄的小馬路上，雲集著包括紐約證券交易所、聯邦儲備銀行在內的眾多金融機構。華爾街的地位已深入人心，堪稱國際金融界的「神經中樞」。這條只有幾百公尺的街道正是美國資本市場和經濟實力的象徵，它影響和牽動著全球資本市場和全球經濟。

世人對股神巴菲特的評價褒貶不一。讓我們來看看被中國人民尊崇為股神的巴菲特是怎樣對待中國和中國股民的。

一貫堅稱「只買不拋」的股神巴菲特，在 2003 年首次購買了價值 5 億美元的中石油股票。這一消息一公佈就有眾多巴菲特的追隨者相繼買入，他們也學著巴菲特「只買不拋」。他們的算盤是：只要股神投資的就一定沒錯。

果然，巴菲特守著這股票 4 年。但 4 年後，他的「崇拜者」都進場了，他便在 2007 年 7 月將最初購買的中石油的股票悄悄地拋售了。巴菲特只透過這一筆投資就從中國百姓身上掠走了 35 億美元。10 月，他先後將這 4 年內買入的中石油股票全部拋售。這對投資中石油的中

國百姓來說，幾乎到了傾家蕩產的地步。

可以這樣說，股神所賺的每一分錢，都導致了中國股民的巨大虧損。巴菲特先大量買進，從而站在財富金字塔的最頂端，而那些「崇拜者」紛紛跟進，在金字塔的底部死守，等巴菲特賣掉股票轉身離去，剩下的殘局也就只能由墊底的人去收拾了。

2008年10月，巴菲特向中國比亞迪汽車公司注入2.32億美元，獲得比亞迪公司10％的股份。僅僅一年後，他就從比亞迪公司的帳面上賺取了高達700％，超過16億美元的投資回報。像對中石油股票的跟進一樣，跟著巴菲特進場的中國股民，這次也少不了。

巴菲特這些年來所玩的投資遊戲，其實就是華爾街的財富金字塔遊戲。華爾街是具有壟斷性質的權力體系，遊戲的規則由華爾街機構制定。這種遊戲看似合法，卻是「完美的犯罪」。華爾街就是這樣「合情合理」地掠奪別人的財富的。

巴菲特的行為是每一個身處華爾街的人都有的「精神風貌」。這樣的獲利方式讓華爾街的每一個人都有這樣的感覺：「我對這一切上了癮！」

2006年羅傑斯以投資教父的身分來到中國，其大作一度成為中國基金經理案頭的必備書。就是他，以有色金屬高漲的現貨市場帶動了牛市，也就是有色金屬股票的瘋狂：而這次他來到中國，實際上就是為了炒高中國股價。在有色金屬之後就是石油，在美國期貨市場和巴菲特等人互相呼應，巴菲特買入中國石油，在高點拋售，造成價格恐慌，進而控制國際石油價格。石油之後就是商品市場，尤其是農產品市場，結果國際能源、資源、糧食價格暴漲。其實正是由於他的鼓吹，

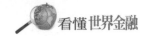

國內更多的資金才會投入到商品中，來拉高商品價格，提升新興經濟體的成本，引發這些國家的經濟崩潰。這從頭到尾就是一個巨大的陰謀，事實上羅傑斯一類人，就是美國虛擬經濟實體的先遣隊，還要被冠以投資家的美譽，就是讓你心甘情願地把財富送到美國人控制的國際資本手上。

美國紐約市合作組織首席執行長凱西・王爾德說過：「紐約是美國聯繫世界的紐帶，代表美國通往世界的門戶。我們的企業在很大程度上是透過華爾街的金融服務業將美國帶到了全球，它們也吸引了大批國外企業到美國來投資。華爾街和銀行業的納稅幾乎相當於我們這個城市的總稅收。」

19 世紀後期數十年的美國經濟十分粗野狂躁，每隔 10 ～ 15 年就會發生一次市場崩潰。當時很多歐洲投資者出於恐慌、市場崩潰或對市場預期過高等原因而遭受損失，就像高科技泡沫、房地產泡沫那樣。如果沒有擔保保證資金安全，這些受到損失的歐洲人是不願意將資金投入到 3000 英里以外的美國市場的，而摩根家族提供了這種擔保。

1865 年，內戰結束後，摩根和其他銀行介入，幫助政府重新註冊，調低了他們的還貸利息。他與其他銀行共同組成了一個銀行組織——辛迪加，從政府手中購買證券，然後以微利出售給全世界的投資者。由於辛迪加涉及的銀行如此之多，它們總能夠將債券賣給投資人。通常情況下，在短暫的市場低迷之後，他們總能夠成功地出售債券而不致被套牢。

摩根在自己的職業生涯中組建了通用電氣、萬國收割機公司、美國鋼鐵公司並建立了美國電話電報公司的現代雛形。在摩根的職業軌

跡上，他在華爾街建立了無人能及的威信。直至 1904 年，他成為全世界最著名的銀行家，一部分是因為那些大型交易，例如美國鋼鐵和通用電氣，也與他為市場負責、並扮演著個人中央銀行的角色密不可分。

摩根像巨人一樣支配著整個金融世界。作為創建通用電氣公司、美國鋼鐵公司以及地域廣泛的鐵路帝國的幕後策劃人，在幾十年裡，他都是美國民間的核心銀行家：1913 年他去世的幾個月後，聯邦儲備銀行取代了他所創建的私人金融系統。

繼摩根之後，美國掀起了一次併購狂潮。每年有 3000 家中小公司消失，大公司控制了美國大部分市場。1910 年，美國托拉斯組織達到 800 家，有 72 家大公司分別控制了各自市場份額的 40％，有 42 家大公司甚至控制了市場的 70％。托拉斯成為美國經濟的統治力量，掌握國家的經濟命脈，而幕後操手就是華爾街。

在整個金融的資本運轉過程中，華爾街將金融之網撒向全球，世界的任何一個角落都有可能成為華爾街的金融機構，成為華爾街人，它完全成為了一種精神歸屬。依靠美國強大的經濟實力而崛起的華爾街，已經不單單是在駕馭美國經濟的興衰。作為世界金融中心，華爾街這張資本之網已經放射到了全球所有的商業領域，與全球經濟緊密聯繫在一起。現今，來自全球的 7000 多家公司選擇在華爾街上市交易，這其中包括了 490 多家世界 500 強企業。

由此可見，華爾街提倡的信貸消費模式，是金融危機的萬惡之源，它扭曲了正常的供求關係。人們只要有購房意願，就能貸到房款，使房價越炒越高，泡沫不斷變大，等大到一定程度，泡沫就會破滅並殃及實體經濟，從而使得失業率跟著攀升；失業潮衝擊的對象不分貧富，

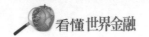

不光是次級房貸會引發危機，就連中產階層的「優級」房貸也照樣可能引發危機。因為信貸消費的本質是將未來的錢拿到今天來消費，而房價越高，消費者貸款的數目就越大，要還的利息也就越多。房地產市場就這樣成為了金融霸權撈錢的最佳平臺。房地產泡沫越大，其撈得越多。

這就是華爾街金融化的魔力，金融大鱷們能利用資產泡沫掠奪財富，無怪會羨煞旁人了。可歸根結底，這是華爾街變相的侵略行徑，是其對世界財富的瘋狂劫掠。

美國在笑，開發中國家在哭

《聖經·馬太福音》中有這樣一個故事：

主將要遠行去國外，臨走之前，他將僕人們叫到一起並把財產委託給他們保管。主人根據每個人的才幹，給了第一個僕人五個塔倫特（古羅馬貨幣單位），第二個僕人兩個塔倫特，第三個僕人一個塔倫特。

拿到五個塔倫特的僕人把它用於經商，並且賺到了五個塔倫特；同樣，拿到兩個塔倫特的僕人也賺到了兩個塔倫特；拿到一個塔倫特的僕人卻把主人的錢埋到了土裡。

過了很長一段時間，主人回來了。

拿到五個塔倫特的僕人帶著另外五個塔倫特來見主人，他對主人說：「主人，你交給我五個塔倫特，請看，我又賺了五個。」「做得好！你是一個對很多事情充滿自信的人，我會讓你掌管更多的事情。現在就去享受你的土地吧。」

同樣，拿到兩個塔倫特的僕人帶著他另外兩個塔倫特來了，他說：「主人，你交給我兩個塔倫特，請看，我又賺了兩個。」主人說：「做得好！你是一個對一些事情充滿自信的人，我會讓你掌管很多事情。」

最後，拿到一個塔倫特的僕人來了，他說：「主人，我知道你想成為一個強人，收穫沒有播種的土地。我很害怕，於是就把錢埋在了

地下。看那裡，埋著你的錢。」主人斥責他說：「又懶又缺德的人，你既然知道我想收穫沒有播種的土地，那麼你就應該把錢存在銀行，等我回來後連本帶利還給我。」

說著轉身對其他僕人說：「奪下他的一個塔倫特，交給那個賺了五個塔倫特的人。」「可是他已經擁有十個塔倫特了。」「凡是有的，還要給他，使他富足；但凡沒有的，連他所有的，也要奪去。」

這個故事反映了「貧者越貧，富者越富」的道理。這個道理同樣適用於美國和開發中國家。

在經濟全球化進程中，美國等已開發國家利用其主導地位盡全力為自己謀利，占盡了便宜。當美國賺得盆滿缽滿時，開發中國家只能在不平等的競爭中艱難前行。

美國佔便宜也是需要資本的，美國掌握了先進的科學資訊技術，這就是資本。科技是資本的一個重要內容。鄧小平曾說，「科技是第一生產力」，當然，科技也是為本國謀利的重要手段。美國除掌握了先進的高科技之外還擁有足夠的財力人力，這便使其在全球分工體系中佔據優勢地位。美國利用這些優勢在本國繼續發展鑽研高新技術產業，而將傳統工業和一般技術的產業轉移到開發中國家。

開發中國家產業結構低下、經濟規模不大、抗風險能力弱，這就導致了開發中國家極容易受大國操控。開發中國家沒有在國際市場上有競爭力的產品，只能依靠出口農牧漁業、原料加工和賤賣勞動力等低端的方式來賺錢。

並不是所有的開發中國家都有良好的農牧業，比如印度，那麼這樣的開發中國家要怎樣維持本國經濟的增長呢？

　　印度非常清楚本國的國情在農牧漁業上根本沒有優勢可言，但它找到了一條出路，那就是把主要精力用在培養科技人才方面，大力發展軟體產業。這條路子沒有選錯，軟體產業為印度開拓了一片新天地。

　　毫不誇張地說，在美國矽谷的軟體公司裡，隨處可見毛髮濃密、技術精湛、能說一口流利英語的印度 IT 菁英。這正是印度對科技人才培養的結果。在 20 世紀 50 年代，印度總理尼赫魯就在英、美、蘇等國的援助下，以美國麻省理工學院為樣板，興辦了 5 所達到世界一流水準的理工學院。這些學校培養出了一批批的高端技術人才。然而不幸的是，當這些人學有所成時，他們並沒有回到自己的國家，為家鄉為祖國盡力，而是充實了以美國為首的已開發國家的人才庫。

　　後來，美國企業開始將軟體、晶片的設計工作轉移到印度本土，其實就是外包給印度了。美國為什麼這樣做呢，美國會有這麼好心嗎？美國肯與印度在科技方面展開合作是因為他們看中了印度人在軟體方面的才能，而且，印度 IT 工程師的價格較為便宜，這可以為美國企業節省很多用人成本。

　　印度擁有這麼先進的科技應該發展很快才對，為什麼印度的經濟水準遲遲跟不上去呢？這跟印度人受教育的兩極化程度有關。這其實也是眾多開發中國家目前存在的問題。雖然印度學校的學費十分低廉，但印度有很多人是文盲。大部分開發中國家自獨立以來，都比較貧困，為了生存，家長們不得不讓正值讀書年齡的孩子出去打工賺錢。

　　隨著金融全球化的不斷加深，不單單是印度，眾多的開發中國家如果還不懂得增強自己的實力，增強自己的競爭力的話，那麼在和美國的交鋒中很難佔到便宜，只能在金融全球化的浪潮中任美國宰割。

索羅斯的煉金術

在金融全球化的今天，財富一直在轉移，而且大的趨勢基本上都是由其他國家流入美國。美國利用其金融霸主地位無往不利，橫掃天下。美國不斷地將其魔爪伸向亞洲、歐洲各國，英國、日本、泰國等國家垮了，美國富了。

美國掠奪世界財富的主要手段之一是培養了一批金融家，華爾街的金融家們透過金融創新掠奪著世界財富。索羅斯是其中最傑出的代表，我們來看看他是如何幫助美國打擊其他各國的。

對索羅斯個人的稱呼和評價褒貶不一，但無論稱呼他什麼，最重要的是他極其善於利用資金，透過資金的力量創造利潤，而且速度極其驚人。

1996 年 12 月泰國銀行開始面臨泰銖貶值的壓力，投資者對泰銖和股票瘋狂拋售。對此，國際貨幣投機商進行了強有力的反擊，他們的招數只有一個：籌集資金，狠拋泰銖。索羅斯開始節節挺進。與此同時，泰銖貶值的浪潮一波接著一波，泰銖兌換美元的匯率屢創新低。泰國政府臨陣換將，原財政部長庵雷威拉旺被迫交出帥印，泰國政府此舉，猶如在波濤洶湧的海面投下一顆重磅炸彈，菲律賓成了受害者，披索匯率開始大幅起落。1997 年 6 月份，投機商開始出售美國國債，再度向泰銖發起致命一擊。

在索羅斯的強硬攻勢下，各國政府均感力不從心，已紛紛放棄了捍衛行動，開始屈服，任由本國貨幣在市場中沉沉浮浮，另一方面，國際貨幣投機商更是有恃無恐，在東南亞金融市場上呼風喚雨，橫行一時。

自1997年7月起，始於泰國、後迅速擴散到整個東南亞並波及世界的金融危機，使許多東南亞國家和地區的匯市、股市輪番暴跌，金融系統乃至整個社會經濟受到重創，1997年7月至1998年1月僅半年時間，東南亞絕大多數國家和地區的貨幣貶值幅度高達30%～50%，最高的印尼盾貶值達70%以上。同期，這些國家和地區的股市跌幅達30%～60%。據估算，在這次金融危機中，僅匯市、股市下跌給東南亞國家和地區造成的經濟損失就達1000億美元以上。受匯市、股市暴跌影響。這些國家和地區出現了嚴重的經濟衰退。

這次東南亞金融危機持續時間之長，危害之大、波及面之廣，遠遠超過人們的預料。

這次襲擊讓索羅斯的量子基金獲利30億美元，但他給亞洲國家造成的損失遠遠超出了這個數目。在1997年7月26日東盟地區論壇會議上，馬來西亞總理馬哈迪指責索羅斯暗中操縱貨幣投機活動，從而使東南亞國家的貨幣貶值，破壞這些國家的貨幣穩定，摧毀東南亞國家努力了三四十年所取得的經濟成果，並呼籲將這種透過惡意摧毀一國經濟來牟取暴利的行為定為一種國際罪行。

索羅斯的賭博出了名，《富比士》雜誌對此作了報導。倫敦的《每日電訊》在1997年10月雙面頭版以巨大的黑體大標題作了報導，標題是《由於英鎊暴跌，我獲利10億美金》。1992年9月，喬治·索羅斯

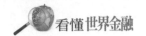

贏得了他有生以來最大的一次賭注——在 1992 年 9 月 16 日短短一夜時間裡，他賺了 9.58 億美元！

有人說這是人類金融史上最大的一筆賭注，這次豪賭的成功使索羅斯得到了「世界上最偉大的投資家」的稱號。

1990 年，英國加入西歐國家創立的新貨幣機制——歐洲匯率體系（ERM）。《馬斯垂克條約》簽署之後，英鎊對馬克的匯率是 1：2.95，英鎊明顯被高估了。當時以英國的經濟實力是無法支撐如此高的匯率水準的。在索羅斯看來，英國犯了一個錯誤，因為 ERM 要求成員國的貨幣必須盯住德國馬克。

索羅斯決定把寶押在德國人絕不讓步和堅持原則的個性上，他相信處於東德重建階段經濟已嚴重過熱的德國，不會冒著加重本國通貨膨脹的危險而降低馬克利率去幫助英國。事實正如索羅斯所料，在《馬斯垂克條約》簽訂後不到一年時間，幾個歐洲國家已很難協調行動。1992 年西歐遭受了金融危機，包括英國在內的許多國家經濟出現衰退。

英國政府最不願看到的情景出現了，1992 年 7 月，德國國內利率不降反升。貼現率升為 8‧75％，如此高的利率立即引起外匯市場出現拋售其他貨幣而搶購馬克的風暴。這一行動再一次把英鎊推向了貶值的風口浪尖。蟄伏了 3 年的索羅斯也覺得時機已經成熟，可以實踐他理論的最高境界了。他建立了 100 億美元的倉位賣空英鎊，於是一場個人與一國央行之間的世紀豪賭拉開了序幕。

1992 年 9 月 10 日下午一開盤，索羅斯率先攻城，大量拋售英鎊買入馬克和美元，並把外匯期貨市場的空單一掃而光。他的操作手法非常複雜，簡單說來就是：從銀行借貸大量英鎊，拿到外匯市場上賣掉，

換成德國馬克和美元，巨大的賣壓將迫使英鎊貶值。如果計畫成功，就可以用比賣出的時候便宜得多的價格再買回英鎊，還給銀行。「高價賣出，低價買進」之間的差額就是索羅斯的利潤。

如果只是索羅斯一個人與英國較量，英國政府也許還有一絲希望，但索羅斯「不是一個人在戰鬥」，他拋售英鎊的行為，迅速吸引了大量的跟風賣盤——全世界的外匯投機者都開始一擁而上瘋狂賣出英鎊。

在英國政府的苦苦支撐下，英鎊對馬克匯率跌了 5 個百分點。經過幾輪的防守，英國政府的護盤資金也消耗殆盡，倫敦如何抵擋國際投機商們潮水般的進攻？英鎊的末日眼看就要到來。不出所料，9 月 15 日一開盤，英國政府已無力再救市，英鎊再也支撐不住，開始崩潰。

英國退出歐洲貨幣體系是歐洲統一貨幣進程中遭遇到的最大挫折，英國受到的打擊最大，索羅斯賺到的錢等於從每個英國人手中拿走了 12.5 英鎊。至今，英格蘭銀行也無法原諒索羅斯對其的阻擊行為。但是在一般英國公眾眼裡，索羅斯是一位偉大的英雄，英國公眾以傳統的英國方式說，「保佑他，如果他從我們愚蠢的政府手中獲得 10 億美元，他就是一個億萬富翁了。」就連《經濟學家》雜誌也將其稱為「打垮了英格蘭銀行的人」。

誇張一點說，很多亞洲國家和歐洲國家都不是索羅斯的對手，包括泰國、日本、英國在內的許多國家被索羅斯擊垮了，搞窮了，而那浩浩鉅資不斷地流入了他的口袋中，流入到了美國。索羅斯就是這樣富有的，美國就是這樣富有的。

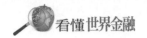

金融機構拿著我們的錢去賺錢

　　隨著全球經濟一體化的推進，人類近 30 年來的經濟發展成就，似乎超越了過去 100 年才能達到的水準。但是，縱觀全球，我們的生活也跟著好起來了嗎？我們的國家真的富裕起來了嗎？事實上，我們並沒有富裕起來，我們的財富被華爾街上的金融體系掠奪了。

　　美國華爾街金融體系是掠奪財富的武器，對沖基金經理、外匯交易員、經紀人和進行投機的炒家是當今的冒險家，大型投資銀行是武裝起來的船隊，經濟是他們的海洋，上市公司是為他們掠奪財富服務的船隻，而國家則變成了他們的奴僕和監護人。

　　2008 年 3 月，摩根大通以每股 10 美元的價格正式完成了對貝爾斯登的收購。而在 2007 年 1 月，貝爾斯登的股價曾高達每股 170 美元。貝爾斯登在全球的員工約有 14000 多名，公司歷來鼓勵員工持有自己公司的股票，員工持股量達到總股本的 1/3。股價大跌使貝爾斯登的員工遭遇了巨大的損失，當然，受損的還有廣大的投資者。

　　而雷曼兄弟則因過度投資於擔保債務憑證，緊跟貝爾斯登也倒下了。雷曼兄弟是以自己購買的住宅和商業房產抵押貸款支持證券作為後盾（它大膽假設房地產市場的價格是永遠不會下跌的），因此大量投資於擔保債務憑證市場。由於雷曼兄弟完全依賴短期貸款做生意，

因此它要獲取高額利潤並及時地連本帶息歸還貸款，就只有鋌而走險了。它以 1：35 的槓桿率進行投資。也就是說，雷曼兄弟拿自己擁有的 1 美元，以及從別處借入的 35 美元進行投資。按這樣的比率，只要其資產負債表中的投資總價值下降 3%（雷曼兄弟的實際虧損幅度遠遠大於 3%），股東的權益便完全喪失。於是，當房地產市場無情地崩潰後，雷曼兄弟因無力償還所欠貸款而「壽終正寢」。與貝爾斯登的情況類似，雷曼兄弟持股的員工也遭受重創。

每到年末，華爾街投資銀行便開始清算「戰利品」——其發放的紅包多少是最能吸引目光的財經新聞。年景好的時候，各大投資銀行報出的紅包數額一家比一家高，民眾也還能夠接受，「美林 45 萬美元的平均獎金」，「雷曼兄弟平均 50 萬美元」，「摩根士丹利平均 55 萬美元」，「高盛平均 60 萬美元」！當前，金融危機遠未結束，高盛則在 2010 年率先高調報出其 31000 名員工的平均入帳有望達到 70 萬美元的消息，這一收入水準創高盛 136 年歷史上的最高紀錄！

金融危機證明，危險的根源就是資產證券化。然而華爾街投資銀行最賺錢的業務，恰恰就是資產證券化和衍生化業務。在證券化的過程中，華爾街 2% 的人把垃圾包裝成黃金（譬如將次級房貸證券化）。他們賺得越多，廣大投資者的虧損就越大。社會大眾的財富就這樣神不知鬼不覺地藉由移錢大法，被裝進自稱是「為上帝工作的人」的口袋中。

如果沒有金融海嘯，那麼華爾街發明的金融衍生產品可以說舉世無雙，美國金融體系的實力不知道要羨煞多少國家。而絕大多數國家都要依靠生產來積累國家財富，這一過程緩慢而且回報率低。如果

有人能夠不透過生產，而是以接近於零的儲蓄額賺到用中國儲蓄額的50%或者德國儲蓄額20%所獲得的回報，那他還需要生產和儲蓄嗎？

華爾街的投資銀行就是無與倫比的金融巫師，它們可以化腐朽為神奇，將國家微不足道的儲蓄額用漂亮的包裝投放到金融市場上。比如「有毒」的次級債務就吸引了中國及其他各國爭相購買，他國的財富就神不知鬼不覺地被挪到了華爾街機構的腰包裡。

以高盛為例，高盛在危機最嚴重的時刻獲得數百億的救助資金，並再一次利用 20 ～ 30 倍的高槓桿借到相當於 2 兆美元的資金，一躍成為當時最有錢的銀行，而後又利用這些錢在股票市場崩潰和各類資產處於最低價的時期大量購進資產。隨後，美聯儲和美國財政部以「營救金融體系和國民經濟」的名義投入了兩千多兆美元的資金，使那些資產重新膨脹。高盛完全是用納稅人的錢以最低價購入資產，從而得以創下贏利紀錄。而納稅人沒有得到任何利益。這就是所謂的「上帝的工作」。高盛的金融大鱷們臉不變色心不跳地將所賺利潤的一半——210 多億美元裝進自己的口袋。

為了平息大眾憤怒的情緒，高盛表示，公司 30 位級別最高的管理者將不接受 2009 年的現金獎勵，而是以股票代替現金。這種換湯不換藥的「典範」之舉，依然難以平息民憤。

殊不知，美國上班族的平均年收入不過是 5 萬美元，而單單是華爾街人士平均獲得的紅包，就接近普通上班族平均年收入的 15 倍；華爾街不僅闖下大禍令全球經濟進入衰退期，使大量無辜的民眾丟掉飯碗，而且在分發「戰利品」時絲毫不手軟，這種情形能不令人憤怒嗎？

當金融海嘯爆發，美國政府為挽救這些金融機構，投入的救助資

金總共達到 640 億美元。如果沒有這 640 億美元的救助資金，高盛就將像其他許多銀行那樣關門大吉了。

當衍生產品擴大的利潤被處於財富金字塔頂端的人掠奪之後，遺留下來的巨大窟窿將由誰去填補？毫無疑問，當然是那些處於金字塔最底端的人。據估算，當金融海嘯爆發，美國政府為拯救「兩房」的資金至少達到 1 兆美元，平均而言，每一個納稅人必須拿出 6000 美元來為此買單。納稅人中最倒楣的是中產階層，他們既沒有像富豪那樣逃稅漏稅的資本（這需要大量專業人士為之服務），又不甘於像窮人（其基本上不用納稅）那樣依賴政府。除去富人和窮人，每一個中產階層人士可能為拯救「兩房」分攤高達上萬美元。

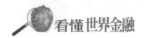

外匯儲備，讓人歡喜讓人憂

外匯儲備是指一國政府保有的以外幣表示的債權。外匯儲備是一個國家經濟實力的重要組成部分，是一國用於平衡國際收支，穩定匯率，償還對外債務的外匯積累。外匯儲備是一個國家國際清償力的重要組成部分，同時對於平衡國際收支、穩定匯率有重要影響。

對於一個國家來說，外匯的存在對於維護國家的經濟安全具有非常重大的意義。我們知道，1997 年亞洲金融危機期間，國際金融大鱷喬治·索羅斯夾帶著巨額的國際資本，率領著龐大的國際游資，肆意地衝擊著東南亞國家的匯市和股市。

以泰國為例，泰國中央銀行當時只持有約 370 億美元的外匯儲備，當國際金融炒家在泰國金融市場上大量拋出泰銖時，泰國央行只能用外匯儲備不斷地買進泰銖，以維持泰銖不貶值。但泰國央行為數不多的外匯儲備很快便消耗殆盡，泰銖大幅貶值，很多泰國民眾數十年積累下來的財富在瞬間化為烏有。

以索羅斯為代表的國際金融資本又把目標對準了香港，妄圖將香港作為他們的下一個「提款機」。但與泰國不同的是，香港不僅金融體系更加完善、更加健康，而且有著更加雄厚的外匯儲備（1000 多億美元）。雖然索羅斯不斷地拋出港幣，但是香港特區政府在雄厚的外

匯儲備的支持下堅決買進港幣，以維持港幣匯率的穩定。之後在中國中央政府更加雄厚的外匯儲備的威懾下，索羅斯等金融大鱷方知難而退，香港也避免了被國際游資橫掃的局面。由此可見，外匯儲備的存在是很有必要的。

一般說來，外匯儲備的增加不僅可以增強宏觀調控的能力，而且有利於維護國家和企業在國際社會的信譽，有助於拓展國際貿易、吸引外國投資、降低國內企業融資成本、防範和化解國際金融風險。

當然這並不是說外匯儲備越多越好，唯物辯證法告訴我們，任何事物都有一個「度」的考量，如果超出了這個「度」，事物就會發生質變，美好的東西就會變成壞的東西，而古代先哲老子也提出了類似的觀點：「反者道之動。」這就好比我們吃飯，饑餓時，即使只有蘿蔔鹹菜，同樣吃得津津有味；但是當你吃飽的時候，即使有山珍海味也難以下嚥。

外匯儲備也是如此，一旦過多就會成為一種負擔，因為儲備外匯並非沒有成本，特別是當外匯儲備數額巨大時，這個成本還比較高。對於外匯儲備，有一個最優的數量，至於這最優的數量是多少就見仁見智了。一般的看法是，外匯儲備的規模保持在4個月進口總額的水準上就可以了，中國目前持有的外匯儲備高達2兆美元，已經遠遠超出4個月進口總額的水準了。

適度外匯儲備水準取決於多種因素，如進出口狀況、外債規模、實際利用外資等。應根據持有外匯儲備的收益、成本比較和這些方面的狀況把外匯儲備保持在適度的水準上。

拿中國為例，目前，中國進口少，出口多，中國的外匯儲備穩居

世界第一，並且越來越多。中國目前巨額外匯儲備的絕大部分是以美國國債形式儲備的，而國債的收益率較低，也就意味著大量的資本沒有得到有效的利用，這對於還在大量引進外資的中國來說，實在是很不划算。實際上，我們在購買美國國債的同時，美國人反過來拿著我們買美國國債的錢到中國來投資，獲取高額的產業利潤。

一方面窮人將給富人打工賺來的辛苦錢借給富人，而富人拿著從窮人處借來的錢再雇窮人打工，用賺取的利潤來歸還微薄的利息。這只會使得美國越來越富，而中國相對變窮。

精明的美國人還知道，美元一旦貶值，中國持有的美元儲備實際上就少了，美國就減輕了很多債務。所以，美國人故意說「中國人綁架了美國經濟」，藉著這個理由，美國就開始要求人民幣升值。人民幣升值意味著什麼？人民幣升值，美元就會相對貶值，那麼中國的大量外匯儲備就會嚴重縮水。如果人民幣不主動升值，美國還有更絕的一招，猛然開動印鈔機，大量地印製美鈔，這必然會使美元貶值，人民幣會被動升值。

美國經濟學家估計，美元至少要貶值 20%，最多可能貶值 40%，如果真的有這一天，那中國持有的美國巨額外匯儲備就要面臨著 20% ～ 40% 的縮水。由此可見，美元儲備越多，風險越大。

中國這個大財主當得實在是憋屈，千辛萬苦積攢下來的外匯儲備，不僅沒有給本國帶來可觀的利益，還遭到了「借錢人」的威脅。

如此看來，對於超額的外匯儲備，實在是「想說愛你不容易」。所以，外匯儲備還真是讓人歡喜讓人憂！

像中國、日本、印度、英國等世界眾多國家的外匯儲備都是以美

元為主要貨幣的。在一定程度上說，外匯儲備越多，國家腰桿就越硬，但這種世界各國以美元為主要貨幣的外匯儲備形勢，不得不讓人擔憂，美國一有風吹草動，讓世界各國怎麼辦？

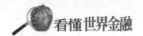

第四章 貨幣戰爭，誰才是贏家

在全球貨幣戰爭中，美國是貨幣戰爭的高手這一點大概不用懷疑，如果說在一般意義上的戰爭美國沒有什麼太多可炫耀的，那麼在貨幣戰爭中，美國幾乎是常勝將軍。回顧近些年來美元對日圓的戰爭、美元對歐元的戰爭，無不充斥著它的全球野心。

美元、日圓、歐元、人民幣，誰才是真正的贏家？

英鎊：閃電般的輝煌和謝幕

　　英國，這個面積只有 24 萬平方公里的國家，在近代歷史上佔有非常特殊的地位。在 18 世紀和 19 世紀，它曾經是世界經濟發展的領頭羊，是第一個邁入現代社會的國家。在世界的貨幣戰爭史上，英鎊也曾佔據至關重要的地位。但是，世界大戰改變了世界經濟格局，最終美元打敗了英鎊，成為金融霸主。

　　在特定的歷史條件下，為什麼英鎊會異軍突起？是什麼原因撐起當時英鎊的霸權地位，又有哪些因素讓英鎊逐漸退出霸權貨幣的歷史舞臺？

　　把黃金作為國內市場上流通的貨幣，是從英國開始的，但最先廢除的也是英國。19 世紀中期，英國率先完成了工業革命，國內經濟得到了突飛猛進的發展，控制了世界上大部分商品的生產和貿易往來。直到 19 世紀 70 年代，英國一直擁有世界最大的工業生產能力，是全球最大的貿易國和金融資產的供給者。由於英國國內剩餘資本過剩，一些投資者紛紛將手中的剩餘資本投資於倫敦金融市場，再加上英國國內銀行業十分發達，這些原因使得倫敦取代荷蘭的阿姆斯特丹，成為當時世界上最大的金融中心。

　　倫敦成為世界金融中心之後，原來金融市場賴以存在的基礎——

金本位制度不再適應日益變化的市場發展形勢，於是英國政府採取了一種新的流通於全國的貨幣——英鎊。英鎊從確立之時起，便註定其承擔世界貨幣的責任，因為此時英國已經成為資本主義世界的頭號強國，控制了世界上絕大部分的國際貿易，全球貿易中絕大部分都由英鎊來進行結算。實際上，此時的英鎊，就相當於金本位制度取消之前的黃金，在國際貨幣體系中佔據著統治地位。

隨著強大的競爭者——美國的出現，德國在 19 世紀後期統一後也獲得了令人矚目的經濟發展，英國腹背受敵。尤其是隨著德國追逐歐洲霸權以來，英國在牽制德國的過程中與其矛盾升級，最終導致世界大戰的爆發。

世界大戰徹底改變了世界經濟和政治格局，德國、義大利、日本遭到毀滅性打擊，英國、法國這些工業國也滿目瘡痍。戰後，各國為了保護國內產業紛紛課以重稅，英國經濟不斷惡化。

戰爭對於英國等國家來說可謂是沉重的傷痛，但對於美國來說那就是極好的機遇。首先，戰爭沒有在美國本土發展；其次，美國為其他國家提供軍火和物資，從中賺了很多錢。所以，20 世紀 20 年代初期，當歐洲還沒有從一次大戰的傷痛中恢復過來的時候，美國的各大城市卻正在蓬勃發展著，美國人花錢消費，參加舞會，購買汽車，炒作股票，享受著美利堅合眾國成立以來最鼎盛的繁華。

1859 ～ 1918 年，美國工業總產值從不到 20 億美元上升到 840 億美元，黃金儲備從占全球儲備總量的 17％上升到 59％，貿易量則從 4％上升到 39.2％，隨著貿易量的大幅增加，美元取代英鎊，成了當時使用量最大的國際貨幣，那一段時間，手握美元是一件時髦而且實惠的

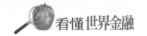

事，美國民眾享受著因此而來的奢華生活，總統羅斯福和財政大臣們，也正在為一項更強大的振興計畫精心籌劃著。

那麼美國總統羅斯福和那些財政大臣們籌劃著怎樣的計畫呢？中國國際金融學會副會長吳念魯說：「羅斯福的新政，當時，一個是美國經濟的實力已經到了這種程度了，他想作為一個經濟大國，經濟強國，資本大國資本強國，作為世界的一個所謂霸主，金融帝國，他本身有這個想法有這個願望。」

美國那更強大的振興計畫就是取代英國充當世界霸主，而英國並未打算拱手相讓，雖然戰爭削弱了英國的經濟實力，但是當時，國際貿易有 40％左右還是用英鎊結算，倫敦仍然是全球重要的金融中心，在美元提出要成為世界貨幣的時候，唯一與之抗衡的是英鎊。

英美雙方拿出的方案針鋒相對，英國方案的起草者是英國經濟學家凱恩斯，他提議要創建世界銀行，發行一種超主權的貨幣，這一理論使他成為經濟史上最傑出的經濟學家，但在當時，凱恩斯的主張遭到了美國的強烈反對，美國經濟學家懷特提議，應該把美元確立為主要的世界貨幣。

最終，在布雷頓森林會議上，美元取代了英鎊，確立了霸主地位。但是英鎊仍然有在部分地區使用的權利，此後的很長時間內，英鎊仍然是美元霸權的最大障礙。直到 1946 年，英國戰後經濟困難，不得不求助於美國。美國政府一次性借給了英國 37.5 億美元的貸款。天下沒有白吃的午餐，英國必須承認美國在國際貨幣體系中的領導地位，並恢復英鎊和美元的自由兌換。結果導致英鎊區各國紛紛提取存款兌換美元，不到一個月的時間，英國的黃金儲備就流失了 10 億美元，英國

因此元氣大傷，英鎊徹底失去了與美元相抗衡的能力。

20 世紀 40 年代，隨著美元霸權的確立，美國對外擴張的大幕徐徐拉開。1947 年，美國國務卿喬治·馬歇爾開始實施他的新計畫，透過向戰後各國提供貸款和援助，試圖掌控全球經濟命脈。

20 世紀 50 年代，隨著美國經濟的進一步發展和英國經濟的進一步衰落，以美元為中心的世界貨幣體系正式確立起來。美元在世界貨幣體系中霸主地位的確立，正式宣告英鎊持續將近一個半世紀的霸主地位退出歷史舞臺，從此，美元時代正式來臨。

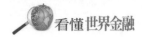

傷不起的「日圓」

　　20 世紀 70 年代後期，日本經濟異軍突起，成為國際貨幣基金組織的第八條款國，從而開始了日圓的國際化進程之路。日圓的國際化，離不開日本經濟實力的支撐。進入 20 世紀 80 年代，日本的經濟地位不斷上升，成為當時僅次於美國的第二大經濟體。日圓國際化也開始進入了快速發展階段，從日圓的可自由兌換，到開放資本項目。1980 年 12 月，日本大藏省頒佈了新的《外匯法》，實現了日圓的可自由兌換。緊接其後，日本加速了金融自由化改革。1984 年，日圓—美元委員會和日本大藏省對外匯交易的兩個規則作了修訂，其中包括外幣期貨交易中的「實際需求原則」。也就是說，任何人都可以進行外匯期貨交易，而不受任何實體貿易的限制。第二個是「外幣換為日圓原則」。企業可以自由將外幣換成日圓，也可以將在歐洲日圓市場上籌集的資本全部帶回日本。日本政府又在東京創設離岸金融市場，開放境外金融市場，為日圓在國際市場上的自由流通創造了條件，此後，日圓的地位不斷上升。

　　素有「彈丸之地」之稱的日本現今讓人不敢小覷。在以科技為主打的發達經濟下，日圓這一不起眼的貨幣偶爾也會混入國際貨幣市場上溜溜了。

不過，日本經濟的崛起，日圓走上國際舞臺，都要感謝美國。二次世界大戰後，日本經濟奄奄一息，多虧了美國的支持才得以迅猛發展。從 1955 年到 1973 年，日本每年的經濟增長都保持在 10％以上。

在日本逐漸崛起時，美國為了與蘇聯抗衡，曾不斷增發貨幣，造成美元大幅度貶值，擁有巨額美元外匯儲備的日本也因此遭殃，外匯儲備的縮水對日本企業造成了不小的打擊。而且，美元的貶值也讓日圓貶值了。貨幣貶值勢必會對日本造成影響，但我們需要辯證地看待。日圓的貶值降低了日本的進口量，卻刺激了日本的出口，使其對外貿易處於順差狀態。

正是在這時，日本生產的鋼鐵，以及汽車和電視機等家電走向了全世界，而且勢不可擋。

1985 年，日本對美國的貿易順差高達 312 億美元，其外匯儲備也達到 279 億美元。而此時美國的情況很糟糕，財政赤字劇增，對外貿易逆差也大幅度增長。日本又燃起了雄心，不想一直跟在美國身後，想讓日圓做大，其實就是想讓日圓升值。

那時日本銀行的貸款結構不合理，接近 40％的銀行貸款投向國民經濟中的生產領域，25％的貸款投向非生產領域，如金融業、保險業、房地產和服務業。當時美國的貿易逆差創下 1000 億美元的紀錄，於是，美國拉攏法國、西德和英國，同意讓日圓升值。在美國等國家透過《廣場協議》施加的壓力下，日圓不斷升值。這其實正合了日本的意，認為自己可以和美元一較高下了，但日本不知道日圓的不斷升值會給自己帶來沉重的負擔。

《廣場協議》簽訂後，日圓走上了快速升值的道路。在不到兩年

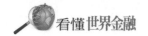

的時間內，日圓兌換美元的匯率竟然從 240：1 升至 120：1。也就是說兩年內日圓升值了一倍。這使日本的出口業大受衝擊，日本企業的國際競爭力被嚴重削弱，而且日本手中持有的美元價值也嚴重降低了。美國沒有就此甘休，它還限制日本對第三世界國家的投資，日本政府只能將促進經濟增長的政策調整為以促進內需為主。

面對此種局面，日本的應對策略還是比較聰明的。在美國對日本匯率的逼迫下，為了壓低日圓匯率以提高出口競爭力，日本開放了國內的資本帳戶，當國際資本源源不斷從外面流入國內，日本銀行一手買入美元、一手賣出日圓，以沖抵日圓升值的壓力。

其實，日圓升值就表示日本人能用日幣兌換到更多的美元了。日本人很聰明，當手中有了更多的美元後，就開始用這些錢收購美國的資產、購買美國先進的科學技術。

在日圓大幅度升值的過程中，日本的索尼公司以 34 億美元的價格購買了對美國文化具有象徵意義的哥倫比亞影片公司，接下來，日本三菱公司又以 14 億美元的價格購買了對美國具有象徵意義的洛克菲勒中心。此外，看到房市的前景，日本大批的企業和個人紛紛跑去美國投資房地產。最後日本皇室擁有的美國土地的價值已經超過了整個加利福尼亞州土地的價值。四五年間，美國 10％的不動產竟然成為了日本人的財產。

看看形勢，真的有點像日本人所說的「買下整個美國」，但是，恰巧此時，美國的房產泡沫破滅了，這就使得那些投資者幾乎血本無歸，從此，日本的經濟嚴重受挫，一蹶不振。

1997 年東南亞金融危機後，歐元的誕生給日圓帶來了巨大的壓力，

同時日本經濟泡沫的破滅大大影響了日本的經濟實力，日本轉而追尋以區域金融合作為基礎的日圓國際化新戰略。

2010 年 8 月底，日本央行用增加利率和頒佈新政策的方法抵制日圓升值，但這一措施造成了相反的作用，讓日圓進一步升值了。

2011 年上半年，日本遭遇地震、海嘯、核外洩重重危機，讓日圓再度升值。這無疑是給日本的經濟雪上加霜。

儘管日圓的國際化已經推行了幾十年，但是在全球範圍內，日圓並沒有能夠實現其結算貨幣、儲備貨幣、交易貨幣的國際化功能。我們也可以看到，美元在國際市場上依舊佔據著主導地位，而日圓不僅與美元，即使與歐元也有著相當大的差距。

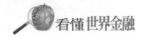

狙擊歐元後，美元魔爪直指亞洲

美國人在狙擊歐元之後，發動了對亞洲的攻擊。歐元被狙擊後，大批資金從歐洲流出，這些錢有些流入了美國，但買成美元資產只能避險，不容易增值，因此更多的錢會流入亞洲。東南亞經濟發展速度快，可以獲得豐厚的回報，包括美國國內的很多錢也都流向東南亞。

發動一場亞洲貨幣絞殺戰旨在達到的戰略目的是：敲碎「亞洲發展模式」這個招牌，讓亞洲貨幣對美元嚴重貶值，既壓低美國的進口價格以便於操控通貨膨脹率，又可將亞洲國家的核心資產賤價拋售給歐美公司，加快「有控制地解體」的執行進度。還有一個非常重要的目的，那就是刺激亞洲國家對美元的需求。

巨額外債是開發中國家陷入危機的主要原因。高負債必然導致經濟脆弱，在現實世界中，國際銀行家操縱著國際地緣政治的走勢，可輕易使原本看起來很可靠的金融環境突然逆轉，從而大幅度地增加開發中國家債務的負擔，金融駭客再乘勢發動猛攻，得手的概率相當大。

國際銀行家的目標首先鎖定在泰國身上。1994 年以來，在人民幣和日圓貶值的上下擠壓之下，泰國出口已顯疲弱，而與美元掛鉤的泰銖又被美元拖到了極為空虛的程度，危機已然來臨。在泰國的出口量下降的同時，大量外來的熱錢持續湧入，不斷推高房地產和股票價格。

與此同時，泰國的外匯儲備雖然有 380 億美元之多，但其外債總額高達 1060 億美元，從 1996 年起，泰國淨流出的資金相當於其 GDP 的 8%。為對付通貨膨脹，泰國銀行不得不提高利率，這一措施，使深陷債務危機的泰國的處境更加艱難。

泰國在與金融駭客交手的正面戰場全面失利之後，又錯誤地主動投入了國際貨幣基金組織的圈套。對國際組織的盲目信任，使泰國將國家的安危交給外人來裁決，再次犯下了不可挽回的錯誤。2003 年，泰國提前償清 120 億美元債務，終於從國際貨幣基金組織贖身後，泰國總理塔克辛站在巨大的國旗面前發誓，泰國將「永遠不能再做（國際資本）受傷的獵物」，絕不會再乞求國際貨幣基金組織的「援助」。

泰國只有一條出路了，那就是主動迅速地讓泰銖貶值。國際銀行家們估算，其損失主要在於美元債務增多，外匯儲備會減少 100 億美元左右，但這種損失會隨著國際金融市場對其果斷應對的肯定而得到迅速恢復。但是金融駭客們斷定泰國政府必會拚死一戰，力保泰銖，絕不會束手就擒。

世界銀行的首席經濟學家斯蒂格利茲（Joseph Stiglitz）認為，韓國陷入金融危機源於美國財政部當初竭盡全力地逼迫韓國進行全面和快速的金融資本市場開放。作為柯林頓首席經濟顧問的斯蒂格利茲堅決反對這種魯莽行為，他認為這種開放無助於美國的安全利益，而有利於華爾街的銀行家。

韓國政府被迫接受了美國的諸多苛刻條件，允許美國建立銀行分支機構，外國公司可以擁有上市公司的股份從 26％上升到 50％，外國個人可擁有公司的股份從 7％上升到 50％，韓國企業必須使用國際會

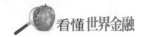

計原則，金融機構必須接受國際會計事務所的審計，韓國中央銀行必須獨立運作，完全資本項下的貨幣自由兌換，進口許可證程序透明化，公司結構監督，勞工市場改革等。美國銀行家對韓國企業早已垂涎三尺，只待韓國簽署協定，就準備蜂擁而入將獵物撕得粉碎。

之後，韓國政府果斷出面從銀行系統中沖銷了 700～1500 億美元的壞帳，當政府接手這些壞帳之時，銀行的控制權重新掌握在政府手中，從而將國際貨幣基金組織排除在銀行系統重建之外。因此，韓國挺過最難熬的 1998 年春天，韓國的出口盈餘迅速回升，而當時馬來西亞的經濟復甦尚可，雖然沒有像泰國那樣直接陷入動亂，但政治鬥爭卻異常激烈。

隨著經濟的發展，社會不斷進步，馬來人繼續堅持種族主義政策就有點行不通。然而，馬來西亞政府並不敢得罪美國資本，美國資本很自然地在馬來西亞股市呼風喚雨。摩根士丹利做這些事一向比較有優勢，1987 年就創立了馬來西亞基金並在紐約上市。摩根大通也很積極，一直大講馬來西亞股市是安全避難所，呼籲華爾街同行都去摻和。

在華爾街的努力下，馬來西亞股市也漲勢兇猛。2010 年 11 月就衝破了金融危機前的高點，打出了新高 1531.99 點。為了打擊房地產投機，控制金融風險，馬來西亞政府於 2010 年 12 月宣佈，今後購買第三套房時，首付提高到三成。購買第一、二套房的，首付依然是一成。

日本不是金融封閉的國家，也沒有巨大的國內市場。中亞以東到處都是日本投資，也是日本重要的出口市場。一旦亞洲遭到狙擊出現金融危機，日本怎麼可能躲得過呢？當時的日本首相橋本龍太郎表示，「我們不至於自大到認為我們有能力充當復甦亞太區（經濟）的火車

頭。」儘管日本在援助一些受創的亞洲國家方面有所貢獻，但把亞洲拉出經濟泥沼並非它該扮演的角色。

亞洲國家企圖建立自己的亞洲基金來緊急救助陷入困境的區內國家時，理所當然地遭到西方國家的普遍反對。當時的美國副國務卿塔爾博特說：「我們認為要解決這類問題的適當機構，是跨區域性及國際性的組織，而不是交給新成立的區域性組織，因為這個問題影響深遠，超越亞太區域的疆界。」

美國前財長薩默斯在紐約對日本協會致辭時堅持認為，「這種在危機時刻依賴區域援助的金融區域化觀念存在著真正的風險。」。他指出，這樣的做法會減少可以用來應付未來風暴的資源，也會削弱應付「跨洲危機」的能力。「這是我們認為國際貨幣基金組織必須扮演中心角色的重要原因。」

當設立亞洲基金的建議在香港舉行的世界銀行和國際貨幣基金會年會上被提出時，馬上引起美國和西方國家的警惕，他們擔心這將破壞國際貨幣基金會的工作。亞洲國家建立自己的基金以便在危難之中相互扶持原本是件天經地義的事，極端不合情理地遭到倫敦 - 華爾街軸心的堅決反對，而日本作為區域內最大的經濟體，卻完全受制於人，缺乏領導亞洲經濟走出困境的起碼魄力和膽識，不能不令處境絕望的東南亞國家心寒。

美元在狙擊歐元後，並未達到其理想的效果，讓美國人不願意見到的是，亞洲經濟藉此迅速發展起來。美國當然不願善罷甘休，便利用其霸主地位發起了狙擊亞洲的行動，處處為難、抑制亞洲經濟的發展。中國、泰國、韓國、馬來西亞、日本等國深受其害，發展困境重重。

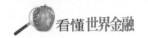

美元貶值，中國人該高興嗎

　　美元成為世界貨幣霸主，世界貿易大多採用美元作為結算貨幣，但這並不意味著美元的統治地位一直穩如泰山。所謂「千里之堤，潰於蟻穴」，在現今多變的世界貿易格局中，美元的地位不斷受到挑戰，美元霸主地位的衰弱不僅來源於外部的挑戰，更多的是來自於內部矛盾。

　　金融危機爆發後，美元不斷貶值。從 2008 年開始，儘管美元走勢有所波動，甚至在 2009 年年初出現了上升行情，但總體而言美元指數不斷走低，美元在貶值，2012 年 4 月 25 日，美元兌人民幣匯率已達到 1?6.2923 了。

　　美元不斷貶值，反映的是美元面臨內外交困的局面。造成美元不斷貶值的原因分為內因和外因：內因包括美國陷入衰退的經濟，以及美聯儲採取的促使美元貶值的措施；外因包括來自於陷入經濟衰退的歐洲各國的影響，以及全球資金投資於其他市場而導致拋售美元的情況。

　　金融危機發生在美國卻影響了全世界，使大部分國家陷入經濟衰退。此次金融危機始於虛擬經濟並進一步影響實體經濟，美國的虛擬經濟備受打擊。各大投資銀行紛紛倒閉，資本市場也承受了巨大衝擊。在這種情況下，美國經濟陷入了嚴峻的局面，國內投資與消費都不足，

進出口貿易更是雪上加霜。

　　儘管歐巴馬上台後推出各項救市措施，但不能否認的是美國經濟已陷入衰退。經濟如此困頓，導致美元不得不面臨貶值壓力。實體經濟的發展程度已經不足以支撐強勢的美元戰略，美國政府不得不降低美元與其他貨幣的兌換比率，促使美元貶值以增加出口，促進本國經濟的復甦。美國經濟的疲軟是美元貶值的根本原因。

　　美國經濟在金融危機後陷入衰退，美國政府不得不開動印刷機印製美元投入市場，促進投資和消費，帶動經濟。2009 年 3 月 18 日，美聯儲宣佈開動印刷機印製美元以購買總值超過 1 兆的政府擔保債券，包括 7500 億的按揭貸款擔保債券和 3000 億的政府長期債券。這種直接購買國債的措施與二級市場的回購不同，其本質上是債務貨幣化。

　　透過這項措施，美聯儲降低了多種與財政部利率相聯繫的債務的利率，但同時也向市場投入了大量貨幣。美聯儲這種寬鬆的貨幣政策使市場上流通的美元劇增，通膨預期急劇上升。這個舉措造成了以美元計價的債券收益率創下了 1987 年以來的單日最大跌幅。儘管美國市場上透過長期金融工具進行融資的成本降低，但是從長遠來看，由於通膨的存在，這項措施無疑是飲鴆止渴。

　　美國經濟一蹶不振，美聯儲更是採取了促使美元貶值的各項政策。而在外部包括歐洲各國在內的經濟體也同樣陷入衰退，這進一步影響了美元的匯率。美國經濟與歐洲各國經濟存在極高的依存度，歐洲經濟的衰退必然影響美國經濟的出口，出口的不暢導致大量產品積壓，迫使大量企業破產。同時受影響的還有跨國投資和旅遊等各個領域，這些都阻礙了美國經濟的復甦，對美元的匯率造成壓力。

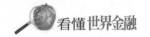

另一方面，美元指數反映美元和一攬子貨幣（Currency basket,或稱「一籃子貨幣」，意指與多個貿易國依權重比設定匯率基準，避免盯住單一匯率造成的風險）的匯率變化情況，其中歐元占 57.6％，日圓占 13.6％，英鎊占 11.9％。儘管歐元區、日本、英國這幾個國家或地區受到金融危機影響很大，但是歐洲經濟和日本金融本來就處於較低的增長水準甚至零增長。而與之相比，美國經濟在經濟危機前增長速度較快，在金融危機中美國經濟迅速從高增長降為低增長甚至衰退，2009 年美國的 CDP 增速更是創下 63 年最低，其受影響程度較為劇烈，表現在匯率上，即為美元貶值速度快於歐洲和日本等經濟體，美元不斷貶值。

美元不斷貶值的另一個重要原因是：投資者不斷拋售美元。

在美國實行金本位制的時候，每一張美元紙幣，背後都有相應的黃金。美元不能亂印亂發，通貨膨脹的速度較慢。

1971 年 7 月第七次美元危機爆發，取消了金本位制。沒有了可參照的黃金，當人們賣出自己的真實財富換來的美元，其實就是印著數字的一張紙。從此，美國人有了一個人類歷史上最方便的獲得財富的方法：印鈔票。只要相信美國能夠還錢，相信美國有能力還錢，人們就還願意把真實財富交給美國，收入綠紙。說得簡單一點，綠紙就是美國政府打的欠條、白條。

於是，以金融資本為主導的美國經濟出現了「從紙到紙」的循環：美聯儲發行紙幣支付巨額貿易逆差——各順差國再以得到的美元購買美國發行的其他類型的紙：政府債券或公司股票——美元回流進入美國資本市場。正是這種「從紙到紙」的循環支撐了美國資本市場的虛假繁榮。

　　美元過剩問題嚴重，未來美元貶值壓力明顯增大。透過貨幣貶值、製造通貨膨脹很可能是美國再平衡的重要手段。畢竟，「用通貨膨脹擺脫債務的誘惑是無法抗拒的」。

　　2010 年 11 月 10 日，美國聯邦儲備委員會聲明，在啟動新一輪量化寬鬆政策首月投放 1050 億美元資金，購買財政部債券。

　　聲明寫道，美聯儲定於 2010 年 11 月 12 日至 12 月 9 日著手 18 次公開市場操作。至 2011 年 6 月，除按原計畫購買 6000 億美元財政部債券外，美聯儲預計將從住房抵押貸款關聯證券和機構證券投資中抽出 2500 億～ 3000 億美元收益，再投資於財政部債券。

　　首月公開市場操作既包括市場先前預期的月均 750 億美元財政部債券購買額度，也包括用投資收益購買的 300 億美元債券。

　　美國瘋狂的印鈔票行為，使得各個國家持有的美國國債越來越多，而美元就會越來越不值錢，美元貶值已經成為了不可逆轉的趨勢。美聯儲前主席艾倫·葛林斯潘稱美元正走貶值路線，美國「正執行弱勢貨幣政策」。多國政要和財政官員指出，美聯儲重啟印鈔機旨在打壓美元匯率、促進出口，同時將驅使熱錢湧入新興市場，這將使新興國家的經濟遭受損失和打擊。

　　美國本國經濟的衰退以及美國政府所採取的政策都加劇了美元的貶值，歐洲經濟不景氣以及大量資金的外逃更是使得美元的處境雪上加霜。美元「跌跌不休」只是一個外在表現，更重要的是其反映了美國等各大經濟體紛紛陷入經濟衰退的境地。

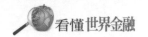

也許即將進入美元、歐元、亞元的戰國時代

　　到目前為止，這個世界仍然在美國大財團的掌控之中，美國依然是老大。美元遭遇危機，即使把危機轉嫁出去，也只是把世界拖入深淵，然後在渾水摸魚中，鳳凰涅槃般重新獲得領先的地位。但在不久的未來，美元還能依舊獨霸天下嗎？

　　孟買珠湖海灘的黃昏，就像一只裝滿金黃色溶液的玻璃器皿，陶醉著一群穿得花花綠綠的遊客。離海灘不遠的小商販從他們拍照的「標籤動作」裡都已經作出了準確的判斷：這是一群日本人。

　　和以往一樣，在導遊的引導下，日本遊客來到商販們面前，印度小吃和獨一無二的果拉冷飲自然是不可錯過。但和往常不一樣的事情發生了：日本遊客從鼓鼓的錢包裡抽出的並非印度盧比，在他們手上揮舞的是一張張印有「鐵臂阿童木」頭像的彩色票據。

　　日本遊客看到商販不解的表情後很自豪地說：「亞元！」

　　這不是輕喜劇電影中的情節。這是 21 世紀中葉以前註定要發生的一幕。這是「歐元之父」孟德爾所描繪的亞洲未來圖景：「到那時，類似的場景必將發生在上海、東京和新加坡等亞洲所有城市鄉村；到那時，印著孔子、甘地和阿童木頭像的亞元將直接挑戰印著華盛頓、丁丁頭像的美元、歐元。世界金融格局也將從此改變。」

博鰲亞洲論壇理事長拉莫斯認為：「對於區域外世界而言，亞元的出現將最終促成全球貨幣三足鼎立的局面，這是星系之間的關係，而不是恆星與行星的關係。」

未來世界經濟大趨勢早已不是美國獨霸了。東亞新興經濟體是帶動全球增長的主要力量，唯有美國、歐洲和亞洲在現代多元化世界貨幣體系中以相當的分量共同發揮應有的作用，方能有效建立一個更為公平、公正、健康、穩定的國際經濟新秩序。

1999 年歐元的誕生為國際貨幣體系新格局的形成提供了很好的思路和方向。但僅僅只有歐元還不夠，稚嫩的歐元在一段時間內還無法與美元抗衡，它還需要一個新的角色出現，這樣才能形成穩定的三足鼎立的均衡局面，亞元無疑是允當這個角色最好的選擇。亞元作為亞洲經濟體的代表，已經呼之欲出。

未來的亞元有理由被看好。一是因為亞洲經濟增長前景趨好，處於上升期。二是因為亞洲對外貿易是順差，有可能吸引美元、歐元資產流向亞洲。亞元的面世，將有助於國際貨幣領域公平競爭，對美元及歐元形成一種真正挑戰和制衡。整個國際貨幣體系出現美元、歐元和亞元三分天下的格局，對 21 世紀的世界經濟將產生極為深遠而重大的影響。

博鰲亞洲論壇秘書長龍永圖發出聲音：「亞元是一個值得追求的長遠目標。」亞洲經濟正以全球最快速度增長，區域一體化因後發優勢而加速進行，亞元的重要性也日益明顯。拉莫斯認為，亞元的重要性體現在區域內外兩個方面：

對內而言，統一貨幣對區域經濟發展將貢獻良多。首先，現今世

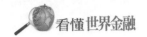

界 70％的外匯儲備都在亞洲，美元和歐元的波動對於亞洲各國的影響是直接的，而如果有自己的貨幣且能保持穩定，消極作用可能就會最小化；其次，統一貨幣可使區域內國家間的商品流通程序簡化、交易成本降低，並成倍提高區域內貿易；再次，以亞元給亞洲各國發行債券定價還可以減少證券投資風險。亞元的出現，有利於防範國際風險，和抵禦美元透過量化寬鬆等貨幣政策輸出通貨膨脹，強佔世界各國的財富。

對外而言，美國不會希望世界金融市場出現美元、歐元和亞元的三極化局面。這一點可以從歐元一誕生就受到美元的阻擊中得到印證，同樣在亞元開始醞釀的時候，不可避免地也遭到了美國的反對。

為什麼總是美國人在反對？「歐元之父」孟德爾指出，當國際貨幣改革關係到本位幣時，超級大國總是持否定意見。「在全球化條件下，世界性貨幣是必然需要」，「世界貨幣是出於創造一種強勢貨幣或一種新貨幣，但是世界最強的貨幣從來都是統一貨幣的阻礙，19 世紀時英國反對統一貨幣案，1943 年美國拒絕統一貨幣時，英國卻積極推動。」亞洲尤其是東南亞，實際上是泛美元區，美國在這裡具有巨大的經濟利益和政治影響力。這種情況下，美國當然不願意看到亞元的出現。

在歐元誕生以前，美元作為唯一的國際貨幣，可以肆意地掠奪別國的財富，因為全世界都需要以美元作為計價、儲備和支付手段，美國可以直接用美元在世界金融市場上任意借貸而不必擔心任何的匯率風險。一旦發現外債過多，美國可以不受限制地自行將美元貶值，而在悄無聲息中減免自己的債務。而且，只要美國願意，它可以肆無忌

憚地印刷美鈔，從而以向全世界「徵收」鑄幣稅的形式，洗劫世界人民的血汗錢。

因此，美國阻擊歐元、阻擋亞元，保護自己的既得利益，也就是情理之中的事了。不管其態度如何，美國都不可能阻擋歷史發展的必然趨勢。

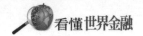

第五章 美國人為何總盯人民幣升值

　　美國既要實行弱勢美元政策，又要確保美元獨步全球的霸權地位不動搖，就只能透過襲擾能和美元相抗衡的其他貨幣，或者誘發其他相關經濟體的危機來實現，以強化美元的唯一強勢地位。

　　美國人總喜歡拿人民幣大做文章，給人民幣施加升值壓力。過去6年多人民幣兌美元累計升值了30％以上。在人民幣不斷升值的背景下，追求人民幣國際化，這是必然的選擇，也許也是無奈的選擇。

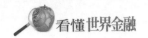

中美「口水戰」都是匯率惹的禍

英國《金融時報》曾載文《中美「口水戰」》，摘要如下：

在全球兩大世界經濟體之間的「懦夫博弈」中，中國正在讓美國「翻牌」。2010年9月16日中國外交部正式對美國財政部長蒂姆·蓋特納發表的一份聲明做出回應，表示美國對中國施壓無助於問題的解決。美國叫囂人民幣升值有用嗎？2010年9月16日在美國國會上發表的演講中，蓋特納說，美國會想辦法推動人民幣升值。這種來回較量會不會升級呢？

自2005年7月21日中國開始實行以市場供求為基礎，參考一攬子貨幣進行調節管理的浮動匯率制度以來，人民幣兌美元中間價屢創新高，升值幅度逐漸加快。2005年人民幣對美元升值2.56％，2006年升值3.35％，2007年升值6.9％。到2008年，人民幣兌美元匯率中間價已經突破7.0的關口，再創匯改以來新高。

貨幣升值一般是一個國家為了抵禦外匯衝擊，制止通貨膨脹所採取的措施。傾向升值的目的是增加本國單位貨幣的含金量或提高本國貨幣對外幣的比價，或者直接宣佈提高本國貨幣對外國貨幣的比價，以提高本國貨幣價值，抑制大量外匯的湧入。因為外匯太多將給本國貨幣流通市場造成流動性過剩的壓力，將可能引起國內通貨膨脹。

相反，貨幣貶值是單位貨幣所含有的價值或所代表的價值的下降，即單位貨幣價格下降。貨幣貶值會在國內引起物價上漲。但由於貨幣貶值在一定條件下能刺激生產，並且降低本國商品在國外的價格，有利於擴大出口和減少進口，因此第二次世界大戰後，許多國家把它作為反經濟危機、刺激經濟發展的一種手段。

人民幣升值的壓力主要來自美國，而美國壓迫人民幣升值的理由是中美間存在的經常項目順差（主要是貿易順差）與資本項目順差（主要是 FDI）。在三次中美戰略經濟對話中，迫使中國金融開放一直是美方的主要目的。

美國政界、商界和輿論界一直要求人民幣升值，一些政客更是揚言，中國政府操縱了人民幣匯率，因此應對中國產品徵收懲罰性關稅。

但也並不是所有的人都這樣糊塗，美國史丹福大學經濟學教授羅奈爾得・麥金農警告說，如果人民幣升值，亞洲其他貨幣甚至歐洲貨幣也跟著升值，那麼，美國就有可能會像 20 世紀 70 年代那樣出現嚴重的通貨膨脹問題。

只要中美之間還存在著大幅的雙順差，美方就會不斷壓迫人民幣升值。但是，美方也知道，人民幣升值根本不可能減少美國的貿易逆差，正如 1985 年《廣場協議》（Plaza Accord）之後日圓的升值沒有減少美國的逆差一樣。原因很簡單，自美元與黃金脫鉤以來，美元逐漸貶值，而近 10 年，美元貨幣印刷總量超過過去 40 年印刷總量。

自從匯改以來，人民幣對美元的匯率累計升值已超過 20％。中國老百姓不無驚喜地發現，對比美元，自己手中的人民幣愈發「經花」了。這樣的對比，確實「看起來很好」。實際上，對此是有人歡喜有

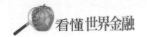

人憂。

　　也許很多人認為只要自己在國內生活，匯率波動對自己的影響是不太明顯的。但是匯率的劇烈波動所帶來的災難性後果是很多人並不清楚的。就像在日本、東南亞，金融危機一旦來臨以後，你的財富在一夜之間就「灰飛煙滅」了，你幾十年辛苦攢下的財富一天就沒了，一個產業可能就垮掉了，一個國家可能十幾年都緩不過來。劇烈的匯率變化會引起一場根本無法抗拒的金融大風暴。

　　匯率的波動會給進出口貿易帶來大範圍的波動，因此很多國家和地區都實行相對穩定的貨幣匯率政策。中國的進出口額高速穩步增長，在很大程度上得益於穩定的人民幣匯率政策。影響匯率的因素一般包括國際收支、通貨膨脹、利率、經濟增長率、財政赤字、外匯儲備等。

　　普通老百姓對人民幣升值的理解，表面上看是「更值錢」、「更划算」，但是，普通老百姓很容易陷入人民幣升值預期下的「貨幣幻覺」。具體說來，就是如果人民幣相對美元升值，也意味著個人的人民幣資產相對美元更值錢。但價格只存在於交易當中，如果個人不打算與外幣進行兌換或交易，不打算購買美國商品，不打算出國旅遊，不打算投資美國資本市場，就享受不到這部分相對於外幣而言增值的好處。

狙擊中國，劍指人民幣升值

在國與國之間的貨幣戰爭中，美國華爾街發動貨幣戰爭的軟硬兼施的手法可謂聰明。如果某個國家不聽話，華爾街就會用武力相威脅，如當初華爾街拿蘇聯恐嚇聯邦德國和日本，拿朝鮮恐嚇韓國，如今又拿中國恐嚇東南亞。對於一些聽話的國家，華爾街就會用一些政治理念和一些利益誘惑來使其就範，對待俄羅斯，華爾街喜歡講「市場經濟」和「普世價值」，並以經濟上的援助和加入 G8（即美國、英國、法國、德國、義大利、加拿大、日本和俄羅斯組成的八國集團）等進行誘惑，然後國際貨幣基金組織就會出面，組織西方國家來對它進行休克療法的「治療」，同樣，對於東亞國家，最後也會面臨這樣的「治療」。

在對中國的貨幣戰爭中，華爾街基本上還是採用這個套路，由於中國的特殊情況，華爾街的手法有了一些改變。但威脅利誘仍不在話下，要麼人民幣升值，要麼就進行貿易制裁，然而在對外發展過程中，中國人始終保持清醒的頭腦，深知美國人葫蘆裡賣的是什麼藥。

人民幣升值會使得外商的投資成本增加，也有可能使得中國吸收的外國直接投資減少；人民幣升值還會使對外投資成本降低，並使出口面臨困境，使得國內的工作機會外流，從而導致本國的產業空洞化。

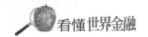

　　其實，華爾街要想成功地進行貨幣戰爭是需要一定條件的。首先，要有能夠影響目標國政府的政策制定；其次，目標國的財政收支需要出現嚴重問題，一般是負債嚴重；再次，目標國資本市場要有嚴重的泡沫。只要目標國出現社會不穩定的狀況，事情也就達到他們的要求了。

　　當然，這些條件都符合的國家並不多，但華爾街憑藉其超強的能力，一貫是有條件要上，沒有條件創造條件也要上。雖然華爾街不能讓中國制定有利於他們狙擊人民幣的政策，但隨著中國經濟的發展，負債率超過平均水準也屬於情理之中，2008年以後中國的股市一直較為低迷，所以泡沫很少，而樓市的泡沫很大，中國政府也在努力擠壓樓市泡沫。

　　美國人清楚人民幣升值後對美國來說逆差還是會存在，因為勞動密集型工業產品需要大量的進口，即使不從中國進口也要從其他國家進口。在美國，勞動密集型工業所產生的就業機會也只能提供給偷渡客，這種高強度、低工資的工作美國公民是不屑去做的。

　　我們回頭看看過去幾次美國對別國貨幣升值的問題，別國的貨幣升值從來沒讓美國的貿易逆差減少過，也沒有讓美國國內的就業機會增加。在貨幣升值的問題上，美國政府、國會都是給華爾街打工的，在義務地幫老闆賺錢。每次逼迫別國貨幣升值，美國老百姓都沒賺到什麼好處，倒是華爾街賺了大錢。但是，美國政府也是能夠得到一定的好處的，例如，如果這次華爾街賺了錢，它也肯定會想辦法幫助歐巴馬推行其龐大的經濟復甦計畫。

　　隨著中國政治經濟的發展，國際地位的不斷提高，人民幣升值早

已成為必然的趨勢，否則也不符合中國的利益。近幾年，在中國大量的外匯儲備中，很多都不是出口賺的錢，而是國際游資。它們都是看到了人民幣的升值前景，因此大量湧入中國兌換人民幣。

人民銀行為了防止人民幣匯率被大幅推高，只好自己把這些外匯買了下來。這些外商換了人民幣後再存到商業銀行裡去。商業銀行增加這麼多存款，就擴大貸款規模。這樣就形成了乘數效應。後來，這樣的錢越來越多，國內通貨膨脹也越來越嚴重。因為這些購買外匯的錢等於是增發的人民幣，如果人民幣一直不升值，那麼外匯增加多少，人民幣就要增發多少。

如果中國允許推高物價特別是房價，從而用通貨膨脹的方式使人民幣貶值，就會引起嚴重的社會問題。到了最後，央行終於招架不住，被迫放棄跟美元的聯繫匯率，開始升值了。2005 年 7 月 21 日，中國央行宣佈從即日起，中國開始實行以參考一攬子貨幣進行調節、有管理的浮動匯率制度。人民幣的匯率不再只盯住美元，形成了更富彈性的人民幣匯率機制。

人民幣升值會使得外幣相對貶值，從而使得中央銀行持有的外匯儲備的價值減少，目前中國持有的外匯儲備在 2 兆美元之上，且其中以美元國債居多，外匯儲備貶值的損失就更為嚴重。同時，人民幣的升值也會吸引外資的流入，使得外匯儲備增加。

面對人民幣的緩慢升值，美國實在有點等不及了，恨不得人民幣馬上大幅升值。事實上，美國有些議員非要逼人民幣立刻升值 20％不可，華爾街的部分熱錢一直在賭人民幣升值。而這些熱錢是有借貸成本的，每一天的利息都不少，自然等不起。中國這樣做，肯定讓這些

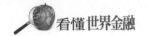

投機客很惱火。中國不願讓這些熱錢大賺便宜，於是總是搞些假動作，等熱錢外流後再升值。

　　整個華爾街都捲入了這場人民幣升值的賭博中，這讓美國十分擔心。歐元戰爭還沒打完，又要對付亞洲。東亞的經濟龍頭是中國，如果人民幣保持穩定，其他亞洲國家就覺得有盼頭。只有迫使人民幣大幅升值，吹大資產泡沫後再一下子打下去，才能讓其他亞洲國家恐慌和絕望，這樣華爾街的錢才好順利地退出東亞。

人民幣升值之血

2008 年初，在中國廣東省廣州市經商的張先生在美國紐約購買了 1 棟公寓，並在新加坡烏節路購買了 1 個商鋪。他表示：「紐約的公寓價格比 1 年前下降了 20％以上，再加上人民幣價值上升 10％，因此用比原來低很多的價格購買了公寓。」

另外，中國企業正在「獵取」美國的中小企業。在美國賓夕法尼亞州，中國企業家正在推進收購經歷資金困難的 6 家優良中小企業。

隨著人民幣價值的飆升，「1 美元兌換 5 元人民幣時代」的標準也是指日可待，人民幣正在全球各地發揮著強大的購買力。

事實上，自從歐巴馬上任後，一直鼓吹著人民幣升值。幾乎每一次中美會談，人民幣升值都是一個必談的話題。

事實上，人民幣不僅對美元升值，對歐元也必然升值——而這只是強壓人民幣升值的一個環節。將來還會透過引發日本債務危機的方式，迫使日圓快速貶值，導致人民幣相對日圓也快速升值。

融資難、勞動力成本和原材料成本上漲、稅費負擔增加等因素的影響已然使得中國中小企業走得非常艱難。而西方國家許多企業的生產成本正在由於技術的革新不斷降低，這一點更讓中國慢慢失去低成本的競爭優勢。

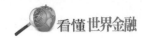

此時如果人民幣突然快速升值，在這一過程中，中國相當一部分技術含量較低的勞動密集型企業與相當一部分技術含量較高而較少得到政府支持的民營企業將倒閉。

人民幣升值是一個長期必然的趨勢，我們要做的就是在升值的路徑和時點選擇上主要應以中國自身情況為基準，其中一個最重要的因素就是人民幣的國際化，並適當考慮周邊經濟體的反應。

由於金融危機的影響，2008 年中期至今，人民幣匯率回到了事實上的盯住美元制。隨著中國經濟有可能率先走出衰退，人民幣升值之聲再次響起，在西方世界，由於美國的經濟復甦不確定性很強，歐元區還依然在債務危機的泥淖中難以自拔，急於轉嫁風險，或讓中國在復甦的道路上等一等，要求人民幣新一輪升值的呼聲日趨高漲。

首先，給全世界一個明確的答案，人民幣在未來一個很長的時期內，將會處於一個逐漸上升的狀態之中。長的時間範圍來看，升值毋庸置疑。

中國是世界上最大的開發中國家，在新興經濟體中，無疑發揮主要的「領頭作用」，中國改革開放 30 年取得的巨大成果支撐人民幣走高走強。經濟發展給予貨幣升值強力支撐，這是給世人一個明確的預期，但這個道路是漫長的，甚至是曲折的。

中國雖然是貿易大國，但又是一個典型的貨幣小國，美歐借助其儲備貨幣的霸主地位，競相轉移其危機損失。面對人民幣升值，孟德爾指出，人民幣和美元之間的匯率不僅關係到中美兩個國家，還會對國際收支平衡產生影響。

就中國而言，如果現在就停止人民幣升值，還不能消除人們的懷

疑態度。但是如果在人民幣緩慢升值、美元持續貶值的過程中，能找到一個合適的匯率點並把它固定下來，不失為明智之舉。

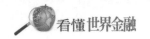

推進人民幣國際化之路不會改變

2008 年 12 月，中國在與韓國達成貨幣互換協議的基礎上，決定對廣東和長江三角洲地區與港澳地區、廣西和雲南與東盟地區的貨物貿易實行人民幣結算試點。2009 年 1 月又與中國香港、馬來西亞，3 月與白俄羅斯分別簽署雙邊貨幣互換協定。所有這些舉措，都引發了人們對人民幣國際化的關注。雖然從金融學的角度看，人民幣結算與人民幣國際化並非完全一樣，但中國與白俄羅斯的貨幣互換實質上已經意味著人民幣國際化版圖從亞洲擴張到了東歐。

那麼，什麼是人民幣國際化呢？人民幣國際化是指人民幣能夠跨越國界，在境外流通，成為國際上普遍認可的計價、結算及儲備貨幣的過程。目前，人民幣已在境外流通，但並不等於人民幣已經國際化。說穿了，就是人民幣可以在國際上自由兌換、交易、流通，成為世界各國普遍認可的結算、儲備貨幣。

從國際經濟發展規律來看，任何一個國家的經濟實力增強以後，該國貨幣必然要走向國際化。其原因在於，貨幣國際化能夠帶來諸多好處，如節約外匯儲備、增加鑄幣稅收入、優化外債規模和結構、擴大貿易和投資，等等。

其中最直接最大的好處是獲得國際鑄幣稅收入。所謂鑄幣稅，是

指紙幣發行面額與紙幣發行成本之間的差額。人民幣國際化後，中國
就可以透過發行人民幣這種國際貨幣「從別國徵收鑄幣稅」。要知道，
這種收益可是沒有成本的。

人民幣升值是一個長期的趨勢，也是一個長期的戰略。人民幣作
為支付和結算貨幣已被許多國家所接受，事實上，人民幣在東南亞的
許多國家或地區已經成為硬通貨。近幾年人民幣在周邊國家的流通情
況及使用範圍有三種類型：

第一種，在新加坡、馬來西亞、泰國、韓國等國家。

在這些國家人民幣的流通使用主要是伴隨旅遊業的興起而得到發
展的。中國每年都有大批旅遊者到這些國家觀光旅遊，因而在這些國
家可以用人民幣購買商品的店家越來越多，可以用人民幣兌換本國貨
幣的兌換店和銀行也開始出現。

在韓國比較知名的購物商場、酒店、旅館等每日都公佈人民幣與
本地貨幣、本地貨幣與美元的比價。人民幣和本地貨幣和美元一樣，
可以用於支付和結算。

在韓國幾乎所有的商業銀行都辦理人民幣與韓幣、人民幣與美元
的兌換業務，也可以隨時用人民幣兌換歐元、日圓、英鎊等所有的硬
通貨。

尤其在 2004 年 12 月 29 日，中國銀聯宣佈，從 2005 年 1 月 10 日
起正式開通銀聯卡在韓國、泰國、新加坡的受理業務，使持卡人在韓
國、泰國和新加坡可以使用銀聯卡進行購物消費，也可以在這些國家
的提款機上支取一定限額的本國貨幣。從 2005 年 12 月開始又在德國、
法國、西班牙、比利時和盧森堡 5 國率先開通了中國銀聯卡 ATM 受理

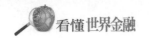

業務。這一切都表明人民幣的國際地位進一步提高，人民幣國際化進程也得到進一步推進。

第二種，在中越、中俄、中朝、中緬、中寮等邊境地區。

人民幣的流通使用主要是伴隨著邊境貿易、邊民互市貿易、民間貿易和邊境旅遊業的發展而得到發展的。人民幣作為結算貨幣、支付貨幣已經在越南、俄羅斯、朝鮮、緬甸、寮國等國家中大量使用，並能夠和這些國家的貨幣自由兌換，從一定程度上說，人民幣已經成為一種事實上的區域性貨幣。

在朝鮮羅津－先峰自由經濟貿易區的集市貿易市場上，當地的攤主們無論是銷售中國的商品還是朝鮮的地方產品，大都習慣於用人民幣計價結算。人民幣在朝鮮幾乎所有的邊境城市甚至在全境，已經成為人們結算貨款、進行商品交易、當做硬通貨儲備的貨幣之一。在越南、俄羅斯、朝鮮、緬甸等國家大多與旅遊有關的行業、部門以及商品零售業均受理人民幣業務，並且逐日公佈人民幣與本國貨幣的比價。隨著中國與周邊國家、地區經貿往來的進一步擴大以及旅遊業的不斷發展，人民幣的流通和使用範圍也越來越廣，人民幣區域化的範圍也必將進一步擴大，區域性貨幣的地位也將日益鞏固，進而推進人民幣走向國際化。

第三種，在香港和澳門地區。

由於內地和港澳地區存在著密切的經濟聯繫，每年探親和旅遊的人數日益增多，人民幣的兌換和使用相當普遍。資料顯示，目前在中國香港已有 100 多家貨幣兌換店和近 20 家銀行開辦了人民幣兌換業務。很多旅館、購物商場尤其是遊人較多的購物點都報出人民幣與港

幣的匯率並直接受理人民幣業務。由於港幣可以隨時兌換成美元，實際上人民幣也可以隨時透過港幣這個仲介兌換成美元。據專家估算，目前在中國香港流通的人民幣已達 700 多億元，成為僅次於港幣的流通貨幣。

據國家外匯管理局研究人員調查統計，人民幣每年跨境的流量大約有 1000 億元，在境外的存量大約是 200 億元。人民幣供給量（M2）約為 20000 億元，這意味著境外人民幣大約是人民幣總量的 1％。由此可見，人民幣已經在一定程度上被中國周邊國家或地區廣泛接受，人民幣國際化處於漸進發展的階段。

人民幣成為國際貨幣，既能獲得巨大的經濟利益，又可以增強中國在國際事務中的影響力和發言權，提高中國的國際地位。同時也應該認識到，貨幣國際化也將為中國經濟帶來不確定因素。如何在推進貨幣國際化的進程中，發揮其對中國經濟有利影響的同時，將不利因素降至最低是中國國政府必須認真考慮的事情。

一方面，中國經濟實力還不夠強，人民幣國際流通量不足。一般認為，一國貨幣要成為世界貨幣，其經濟總量至少應達到全球經濟總量的 8％，而中國 2008 年年末這一比例還只有 6.85％左右。人民幣國際流通量不足，是人民幣國際化的主要障礙，主要原因在於中國對外直接投資的規模還很小。

另一方面，貨幣國際化會增加宏觀調控、現金管理的難度。這主要是因為人民幣國際化後，作為一種國際貨幣，人民幣對中國利率、匯率、物價水準的影響作用會大大增加，大規模的貨幣需求叮能會使中國貨幣政策的制定和執行陷於被動狀態。國際化後的人民幣還必須

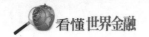

承擔穩定國際金融的任務，當全球金融海嘯來臨時，必須挺身而出充當最後貸款人的角色。

第六章 中美的多維度博弈

誠然，在今後幾十年美國仍是唯一超級大國，仍是佔據全球權力巔峰的「領導者」，但不容忽視的是，中國在世界金融中的話語權日漸增多。

博弈本身就是一個不斷解決矛盾、又不斷產生新矛盾的過程，在當下乃至未來，中美之間的博弈將在多維度的棋盤上展開。「中美博弈」必定會導致這個世界財富的重新分配。這並不奇怪，「中美博弈」的起因是經濟，最後導致的結果當然也是經濟，中間的過程不過是手段而已。

「中美博弈」將改變未來政治的遊戲規則和經濟的結構秩序，它的範圍是全球性的，它的影響將觸及這個世界的每一個人。

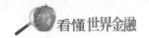

中美貿易摩擦沒完沒了

　　不管中美如何解讀兩國之間的關係，兩國的合作還是受到廣泛關注。當歐巴馬在上任一個星期後與國家主席胡錦濤通電話時，他將美中關係定調為「最重要的雙邊關係」。有時候人們也把中美關係說成是「最重要的雙邊關係之一」。前者是說，不管歐巴馬心裡怎麼想，世界上沒有比中美關係更重要的雙邊關係。後者是說，中美關係是全球最重要的多個雙邊關係之一。當人們說到中美兩國集團（G2）時，所表達的意思當然是前者而不是後者。

　　無論是前者還是後者，中美關係對中美雙方來說都是非常重要的。在兩國關係中，不僅僅有合作，也有摩擦。中美貿易摩擦問題由來已久。因為貿易摩擦的雙方中國和美國是世界經濟中兩個地位舉足輕重的國家，所以，這個問題成為世界經濟領域的一個十分熱門的話題。中美貿易摩擦反映了兩國的經濟發展特點和世界經濟的深層次結構問題。

　　當美國人發現美國經濟出現問題時，美國政府就要將責任推到外國人身上，既可以轉移視線，又可以推卸責任。美國人要找外國人「背黑鍋」，最佳的選擇就是中國人。原因很簡單，美國在中美貿易方面長時間出現逆差，美國企業很難和中國企業在市場上競爭。

在 1979 年兩國建交時，中美之間的貿易額基本平衡，沒有逆差或順差。隨著作為全球製造業基地的中國的迅速發展，中美兩國之間的貿易開始變得不平衡起來，中國對美國的貿易順差開始逐年增長。到 1996 年，中國對美國貿易順差達到 105 億美元。2001 年，中國加入了世界貿易組織，這無疑促進了中國對外貿易的發展，中國對美國的貿易額迅速增長。這就導致了中美貿易摩擦越來越頻繁。

不斷增加的貿易逆差讓美國政府如坐針氈，對此，美國便找各種藉口抑制中國對外貿易的發展。

輪胎特保案是指美國國際貿易委員會於 2009 年 6 月 29 日提出建議，對中國輸美乘用車與輕型卡車輪胎連續 3 年分別加徵 55％、45％和 35％的從價特別關稅。

根據程序，2009 年 9 月 4 日，美國貿易代表辦公室向美國總統歐巴馬提交了關於中國輸美輪胎特保案的最後建議報告。美國總統歐巴馬將於 9 月 17 日前做出是否採取措施的最終決定。2009 年 9 月 11 日，歐巴馬決定對中國輪胎特保案實施限制關稅，為期 3 年。白宮在一份聲明中表示，第一年將對從中國進口的輪胎加徵 35％的關稅，第二年加徵 30％，第三年加徵 25％。

不僅僅是輪胎特保案，還有油井和油管反傾銷反補貼合併調查，美國說人民幣匯率偏低或者中國市場不開放，就中國礦產進出口限制等問題告到了世界貿易組織。此外，美國還實施隱蔽性的貿易保護政策，對中國輸美產品頻繁採取貿易救濟措施，中美貿易摩擦加劇。

在全球貿易保護主義抬頭的情況之下，作為全球第一大出口國的中國必然成為攻擊對象。商務部統計資料顯示，2008 年全年，中國共

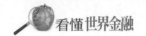

遭受來自 21 個國家和地區的 93 起貿易救濟調查，涉案總金額達 61.4 億美元。2009 年前三季度，共有 19 個國家和地區對中國產品發起 88 起貿易救濟調查，總涉案金額達 102 億美元。在這些中國遭遇的貿易救濟措施涉案金額中，美國占了 57％。時至今日，中美貿易摩擦愈演愈烈。

美國和中國的貿易摩擦，歸根結底，是中國想儘快擺脫美國經濟的影響，中國向美國大量出口商品所致。因為中國的商品物美價廉，美國本地的產品根本無法和中國商品抗衡，這給美國本地商品造成了很大的衝擊。美國人只看到了國內商品的慘狀，不認為中國的商品是物美價廉的，而把這看成了不公平競爭。美國對本國的外貿赤字毫無辦法，就把矛頭指向中國。由於人民幣匯率到中國開放市場都是貿易衝突的焦點，美國便不停地要求中國這樣那樣，貿易摩擦沒完沒了。

為了緩解貿易摩擦，中國採取了很多辦法。中美透過戰略經濟對話、商貿聯委會等機制交換意見、表達關切，在智慧財產權、人民幣匯率服務業開放等方面縮小了分歧，取得很多進展。

中國在世貿組織內被美國告不是第一次也不是最後一次。在解決與廣大開發中國家的貿易摩擦方面，中國的態度應該謹慎；一方面，把握適度的原則，不能無理性地砸到底；另一方面，中國應該坐下來協商，談判，由於中國經濟更加強大了，因此與美國談判的籌碼不是少了而是多了。

中國房市背後的美國黑手

美國人說中國沒有經濟學家，沒有市場化，這其實是美國的一個陰謀。任何事情都有兩面性，市場化程度越高，經濟效率越高，但也越容易被操縱。東南亞金融危機就是例證。美國人深諳此理，所以，美國掀起了對中國的金融戰，給中國設下了圈套。

外國人聯手炒高上海房價，然後以上海房價為標杆，帶動全中國的房價持續上揚。他們的特徵是理性，講法，現在他們即敢冒天下之大不韙，炒作上海的房地產，其背後必然有更深層次的陰謀。

而且外國人畢竟不是上海的黃牛黨，他們不會為這種利潤冒險的，目的何在？

不管怎麼說，他們第一步的目標達到了，北京的房價已經超過了美國紐約。按這種房價，以中國人目前的工資水準及國人貧富分化的比例和程度，用不了幾年中國房地產市場走向蕭條是必然的事情。

房市泡沫吹得越大，在價格低位進場的投機客拋售房產後所得的利潤也越高。可誰能抄底，誰能保證在價格最高點拋售呢？低買高賣的，絕不可能是廣大盲從的普通百姓。普通百姓往往是看著人家撈到錢，但是等自己一腳踏進去，捧個體無完膚都算是輕的。

2007 年 7 月，著名經濟學家、加拿大西安大略大學教授、北京大

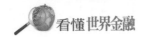

學中國經濟研究中心教授徐滇慶說：「深圳房價肯定要漲，如果一年以後深圳房價不漲的話，我向深圳人民道歉。」作為深圳市民的地產評論人士牛刀出面應戰。牛刀表示，2008 年，深圳房價不會漲。於是徐滇慶與牛刀之間設下了一場賭局。一年之後，徐滇慶教授向深圳市民道歉了！房價的確如牛刀所言，沒有漲。

但如果這場賭局晚發生一年的話，徐滇慶教授就不用道歉了。中國各大城市的房價在 2009 年飆升。這正是美國金融海嘯的「幫忙」。

因為金融海嘯，美國的需求減少，而美國是中國商品的最大進口國，這樣一來，中國拿不到訂單了；出於無奈，中國政府只得向房地產企業大量放貸，把原本打算用來調整房價的政策收回了，期望依靠房地產市場來彌補出口方面的損失。也正因為金融海嘯，中國風景這邊獨好，大量熱錢撤出美國和其他受災國家，全都湧進中國。

這下好了，中國百姓買一套房子，需要動用祖孫三代的積蓄。有一則新聞說，南京有個年輕人為了買房，非但要父母拿出所有存款，還逼著爺爺奶奶、外公外婆掏空所有的養老金，說是沒有房就不能結婚，不結婚就要斷子絕孫。

房價飆升最關鍵的推動因素，可以說是華爾街移錢大法的「神奇」力量。

美國曾經發佈了一項震撼人心的資料，大約有 1/4 的美國房主欠銀行的房貸比他們的房屋淨值要高，也就是說，即使賣掉房產，所賺的錢也不夠還銀行的房貸。美國抵押貸款銀行家協會的資料顯示，2010 年年底這樣的家庭有 2100 萬戶，只要有 1/5 的家庭放棄付款，銀行及投資者的損失就會超過 4000 億美元。在 2009 年第四季度，已有

480 萬戶家庭沒有按期繳納貸款。

千萬別以為美國離我們很遙遠，華爾街大型投資銀行、金融大鱷和國際炒家像當初吹大南美洲、日本和美國房市泡沫那樣，正利用資產泡沫這一暗器興風作浪，吹大中國的房地產泡沫。因此，美國百姓的今天，很可能就是中國百姓的明天。這裡有事實依據。

中國百姓對房子情有獨鍾，認為有房子才有家，才能談其他。所以沒有房子的人想買房，有一套房子的人想擁有更多，並希望可以從中獲利。由此可見，中國房地產市場的炒作空間極大，房價上漲幾乎勢不可當。

華爾街的金融危機「倖存者」摩根士丹利早在 20 世紀 90 年代初期就針對亞洲市場建立了兩支房地產投資信託基金——摩根士丹利 3 號全球房地產基金和摩根士丹利 4 號全球房地產基金，其中 50% 的資金投放到了中國，特別是上海和廣東那樣的大都市。

它們讓海外的「中國買辦」充當鋪路石，在 GDP 增長被當成政績的主要考核標準的狀況下，很輕易地獲得了地方官員的支持，並依靠當地的房地產公司，取得聯合開發專案的權利，隨後再將中方公司的股權買過來，在控股之後操縱房地產的定價和運作。

摩根士丹利在中國已經成為「融資 - 開發 - 招商 - 營運」這一產業鏈的龍頭。面對如此瘋狂的房地產市場，摩根士丹利又在全球募集了 42 億美元建立摩根士丹利 5 號全球房地產基金，該基金又將多達 50% 的資金投入中國房地產市場。在該基金的哄抬下，大量的資金所有者，包括中央企業也爭先恐後地湧入房地產市場，造成各地「地王」頻現。

房地產市場被炒得越熱，幕後黑手們的回報就越高。2005 年高盛

進行的投機使它獲得接近 40%的回報，但到了兩年後的 2007 年，房地產市場的回報竟被炒到了 100%。2008 年摩根大通、花旗、麥格理和凱雷等公司，已經相繼將中國的住宅及寫字樓物業拋售，它們集體出逃，帳面利潤至少為 100%，甚至更多，接盤的幾乎全是中資企業。這些華爾街「食人魚」處於財富金字塔的頂端，劫掠過後立刻撤走，就等著泡沫被刺破。冤的是接盤的中資企業，以及最後接棒的「傻瓜」——中國普通百姓。

避免被盤剝的唯一方法，就是遠離華爾街機構，不聽它們糊弄。想跟它們玩又不賠，除非你比它們更有頭腦，不接它們的盤，讓它們的資金全都爛在中國。

日本曾經雄心勃勃地想橫掃美國，以不可抵擋的勢頭搶購了紐約曼哈頓的地標洛克菲勒中心，到頭來怎樣？美國房地產市場泡沫被金融霸權刺破，那些高樓大廈變成了廢鐵沙石，不值錢了，日資全爛在了美國。有史為鑑，是泡沫就終歸要破，房地產泡沫也是如此。通常情況下，泡沫從哪兒被吹起，最終就該回落到哪兒。

美國阻截中國的資源收購

人類已步入資源戰爭的時代，礦產資源包括能源礦產、金屬礦產和非金屬礦產等，它們為人類提供了 95％以上的能源來源，80％以上的工業原料和70％以上的農業生產資料。我們不得不承認，進行全球資源收購、整合是具有超前戰略眼光的，在「資源為王」的時代，對資源進行投資收購將展現出巨大的魅力，許多世界級大公司都在緊鑼密鼓地控制資源。這是快速增加財富，並抵禦貨幣過剩風險的捷徑，也幾乎是唯一安全可靠的捷徑。

美國人控制商品市場，從中謀取利益，在美國商品市場上的交易等同向美國人支付國際商品交易稅。於是中國人想辦法收購商品的來源，跨過美國商品市場的壟斷，直接取得商品。中國不斷在海外收購各種能源、礦產資源。美國人當然不能讓中國人這樣繼續發展下去，於是全力阻截中國的資源收購。

早在 2005 年，美國對中國經濟勢力的擴張就十分擔憂，有政府背景的中國海洋石油有限公司欲收購美國加州聯合石油，但因為華盛頓的政治反對而撤銷收購。

民企缺少政府背景，在美國受到的抵觸要小得多。尤其是次級房貸危機發生後，海外很多優質企業瀕臨倒閉，給中國帶來了一個收購

良機，但中國的民企在這方面很難得到足夠的支援。中國不是趁最佳時間支援自己的企業去海外展開收購，而是將大量資金用於購買美國國債，從而，導致良機一點點被葬送。

北京工商大學經濟學院教授廖運鳳指出，企業在併購過程中，資訊不對稱也很容易導致併購失敗，中海油收購尤先科就是一個典型的例子。在保護本國產業方面，外國政府對收購方有可能產生或強化市場壟斷地位的併購行為設立了極其嚴格的審查程序，中海油在收購尤先科時，儘管在談判過程中層層加碼，從最初的 110 億美元到最後的 180 億美元，但仍然遭到了美國國會的否決。

面對美國的阻截，中國轉而從加拿大入手，中國石油天然氣集團公司以大約 40 億美元的代價收購在加拿大註冊的哈薩克斯坦石油公司，中石油與印度國家石油公司聯合以 5 億 7600 萬美元，收購加拿大石油公司在敘利亞的石油和天然氣資產，到 2011 年 2 月，加拿大能源公司宣佈同意將峻嶺天然氣資產的 50％股權出售給中石油集團旗下子公司，交易價為 54 億加元。

這兩項投資計畫令中國可以擁有產油國的資源，無須在美國商品市場上大量購買石油。

接著林德物流集團收購了德國帕西姆機場及機場附屬的 850 公頃的土地，中國鋁業公司透過新加坡全資子公司聯合美國鋁業公司獲得了力拓的英國上市公司 12％的現有股份，中石化集團國際石油勘探開發有限公司與西班牙雷普索爾公司巴西子公司達成確認性協議，將認購雷普索爾公司巴西子公司的新增股份，認購後的股份比例為 40％，這一交易的對價共計 71.09 億美元，而合資公司價值為 177.73 億美元。

中國之所以常常為一些事情憂心忡忡，很大程度上是因為自身缺少憂患意識和前瞻性的眼光，缺少儘早走出去的勇氣和智慧，更缺少鼓勵國民走出去佔據資源的制度設計。

中國經濟學家鍾偉表示，中國對海外的投資相當有限，例如日本目前的海外投資已達 2.8 兆美元之巨，而中國大陸並非沒有足夠的外匯也並非沒有想要進行海外投資的企業，但是一方面，中國政府對已經走出去的企業，在其海外權益的保護方面支援有限，另一方面企業要走出去進行境外投資，行政審批程序還是令人生畏。因此中國正在逐步錯過目前對海外進行資源、技術、管道和品牌進行投資的較佳時期。

只要努力，一切皆有可能！2010 年 9 月 5 日，中國商務部、國家統計局、國家外匯管理局聯合發佈的統計資料顯示，2009 年，中國對外直接投資連續 8 年保持增長勢頭，年均增速達 54%。商務部辦公廳副主任沈丹陽也指出，截至 2009 年年底，中國 1.2 萬家境內投資者在全球 177 個國家地區設立境外直接投資企業 1.3 萬家，對外直接投資累計淨額 2457.5 億美元。

2011 年上半年，受債務風險的拖累，全球經濟艱難復甦，滯漲風險加劇，在此背景下，國際礦產資源市場如要全面恢復，還需要較長的時間，資金鏈緊張的國外礦產企業將承受更大的壓力，這為中國的海外礦產資源併購提供了更多的機會。隨著中國銀行業併購貸款業務的迅速展開，中國企業在海外併購將獲得更大的支持，在內外因素的影響下，中國定將突破美國的束縛，迅速向前發展。

G2：「中美國」的困境

　　近年來，隨著中國經濟的持續發展，國際上關於中美關係的新概念不斷湧現，從 2005 年「負責任的利益攸關者」，到 2008 年的所謂 G2 和「中美國」，都成為媒體的話題。實際上中美關係的現實定位，並非某些人的主觀期待或想像所能決定，而是取決於國際格局和雙邊關係的客觀基礎。對相關概念和中美兩國的現實地位進行深入的考察，將有助於人們認清兩國關係的實質，也可以幫助人們辨明 G2 和「中美國」提法的不切實際。

　　G2 這個概念是由美國著名經濟學家弗雷德·伯格斯滕（Fred Bergsten）提出來的，是指由中、美兩國組成一個 Group 來代替舊有的八國集團，以攜手合作解決世界經濟問題。

　　目前，很多亞洲國家都認為：與大國強國結盟好處很多，可以從對方國家採購先進戰機，引進先進技術，以快速提高本國的實力。

　　中美關係中對抗性因素如果壓倒了對合作的追求，全球治理中的難題恐怕一個也解決不了。單極時代幾乎在瞬間結束，說明「單飛」已經行不通了。

　　歐洲的聯合曾經歷過許多停頓和開始，G2 之路可能會更加不平坦。當中美關係陷入困境或者獲得實質性改善的時候、當人類在共同

難題面前束手無策的時候，都會引發關於 G2 的不斷修改的聯想。

美國主導的世界是什麼樣子，人們已經知曉了。未來的世界會變成什麼樣，能比現在的狀況更好嗎？一種廣為流行的觀點認為這在很大程度上取決於中美關係的未來。G2 是中美關係中最引人注目的構想，雖然目前僅僅是學界的一種主張，但極具前瞻性，中美雙方有進一步關注和討論的必要。

很多人都對 G2 構想有抵觸情緒。那些正努力提升國際地位以不使本國處在國際決策圈之外的國家不希望此構想成為現實，美國政府、國會和智庫內部也沒有人依據它來規劃和設想外交方略，中國則明確表示了不贊成。G2 目前不被大多數國家所接受，甚至廣受批評，因為太多的人把它理解為「中美共霸」了。如果單純理解為中美以某種聯合共撐大局，那麼完全可以說它是符合未來政治現實的一種構想。

從戰略上看，G2 建立的基礎是保障世界和平。中美的競爭如果不想發展像到美蘇冷戰最尖銳階段時那樣，不想讓文明面臨被毀於一旦的可能，最好還是把合作放在首位。

而且，中國和美國的關係破裂很可能會造成災難性的經濟後果。當今世界不僅是一個地理的世界，頻繁的交往也構成了一個社會的世界。經濟上「中美國」的形成，不是雙方政府的追求，更不是民眾的意願，它是國家關係中一種不經意的依賴形成的結果。

經濟全球化的今天，國家經濟的成功是不能離開國際環境來實現的，中美的聯合行動已成為全球經濟管理的主要因素。世界不可能再如冷戰時期那樣有兩套經濟體系，兩股經濟力量。第一第二經濟體不能攜手，經濟根本無法繁榮起來，世界也難以繼續發展進入下一個時

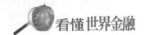

代。

　　海上通道、太空、網路空間的有效合作與管理，資源、氣候、環境、人口所造成的共同挑戰會愈益增大，很多政策和約束將會變成一句空話。如果說國際事務不能由某個少數國家構成的集團來決定，那麼也沒有跡象表明更大範圍的多邊機制在彌合大國分歧方面起過多大作用。

　　一個充滿敵意的環境不利於中國尋求復興的努力，而單靠中國自身的力量，並不足以改變這一狀況，需要在一個大的框架內，共同做出努力。一個以中美為主導的地緣政治共同體，有利於幫助緩解亞洲的歷史怨恨，避免地區大國之間戰略上的錯誤估算，並以和平的方式有效地制約美國的霸道行徑。

　　當前中美關係的風險在於，雙方可能沒有認識到雙邊關係有多麼重要，對抗性思維依然處於主導地位。美國新的亞太戰略和近期選舉中針對中國的豪言壯語，以及對周邊國家對抗中國的鼓勵性暗示，使東亞有冷戰重開的感覺。

　　如果中國認為受到的威脅是真實的，就會尋求結盟，並加快提升軍事能力的步伐。蘇聯經濟從未達到過美國經濟總量的一半，中國已經建立起的經濟基礎，已經有能力和美國展開長期軍事競爭。如不朝G2方向努力，雙方可能不可避免地走向對抗。

　　G2不是以「鬥」而是以「和」為指導思想，不是以分化世界建立新的陣營而是以聯合起來做事為依歸。它和中國「和諧世界」的理念相契合，富有想像力，也富有遠見。解決大問題需要大思想，思想的高度決定了國際社會實踐所能達到的高度。

對全世界而言，中美聯合所產生的正面的作用極其巨大，雙方決裂所產生的破壞力同樣巨大。

其實，中美是「一根繩上的兩隻蚱蜢」，沒有精心的協調，誰也飛不了。這就是中美需要再思 G2 的理由。

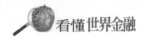

中國想趕過美國，是不是做夢娶媳婦

據美林集團和凱捷諮詢 2011 年 6 月公佈的《全球財富報告》顯示：2010 年中國富豪（百萬美元身家）的數量已增加至 53.5 萬人，僅次於美國、日本和德國，穩坐世界第四的位置。根據這份報告，有人稱中國趕超美國指日可待。如果只從排名上來看，中國居於世界第四，成績相當不錯，但是，這就能證明中國越來越富有了嗎？和中國的總人口數量相比，53.5 萬是一個微乎其微的數字。

2009 年，美國經濟仍在百年一遇的金融危機的痛苦中呻吟，但是中國經濟在全球率先復甦，增長速度高達 8.7％，名列全球之冠。這一起一落間，中國成為全球最大出口國，最大汽車銷售國。歷史上，美國汽車銷售曾達到 1850 萬輛，2009 年中國 1300 萬輛的汽車銷售量並未超過美國最高銷售紀錄，只是因為美國的汽車銷售量掉下來，中國才成為全球第一的。中國也已成為多年來美國一直保持經濟增長的最大貢獻國。而且，這一年，中國的工業淨產值第一次超過了美國，中國的工業增加值也超過了美國成為世界第一。從歷史上看，美國工業規模在 1892 年超過英國之後 20 年，美國便實現了對英國的全面超越。因此，經濟學家王建預言中國股市將在 2020 年 4 倍於美國，而普華永道（Price Waterhouse Coopers，全球四大會計師事務所之一）等開始預言在

2030 年中國經濟將超過美國成為世界第一大經濟體。

其實很多人都認為中國必定會崛起為全球經濟第一。他們認為中國自 19 世紀以來的相對落後只是歷史的反常。早在此前的幾百年、甚至幾千年，擁有龐大人口和強大中央集權的中國，已是世界上最大的經濟體。其後，歐洲和美國因工業革命暫時領先，而中國在清朝時期停滯不前。現在，經過 30 年的改革開放，中國正迅速趕上世界經濟發展的步伐。隨著美歐經濟遭受金融危機重創，許多人相信，今後幾十年中國將重新坐上其應有的位子，成為世界頭號經濟強國。

金融海嘯對中國既是前所未有的挑戰，又是百年一遇的崛起良機。在經濟總量上中國有可能會趕超美國，但在人均收入上，在生態上，在體制上，在文化上，在綜合實力和人的全面發展上，中國要趕超美國並非易事。

而且美國也有足夠的復甦能力。美國仍然擁有全世界一流的企業、一流的制度、一流的政府乃至金融危機後瘦死的駱駝比馬大的世界一流的金融。我們更不能小看的是，美國擁有中國等許多國家都望塵莫及的全世界一流的創新技術。

誠然，中國的經濟自改革開放以來取得了舉世矚目的成就，但和美國相比仍有很大的差距。對中國迅速攀升和持續穩定發展的 GDP，美國人自然是很羨慕，但成為了第二大經濟體並不等於成為了第二經濟強國。美國各界很清楚這一點，中國人更應該意識到這一點。

《華盛頓郵報》指出，中國人均年收入只有 3800 美元，日本是 38000 美元，而美國則超過 42000 美元。由此看來，中國的人均收入是日本的 1/10，但是不足美國的 1/10。即使中國和日本的 GDP 相加都趕

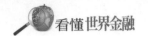

不上美國。

　　所以，目前中國的經濟形勢雖好，但想趕超美國還是非常困難的，至少在短期內難以實現。而且，中國經濟的發展存在一些硬傷，這會讓中國經濟和美國的差距越來越大。

　　首先，中國的工業生產技術簡單、生產效率比較低，只能為跨國公司提供簡單的組裝、加工、零部件生產等。另外，還有些企業盡力壓低底層工人的工資，降低生產成本，這也真正符合了「世界工廠」之名。

　　其次，中國工廠越建越多，排出大量的污濁氣體，嚴重影響了空氣品質。為了獲取昂貴的食材、皮草，一些地方濫捕亂殺，嚴重影響了生態環境。

　　而且中國經濟對外依存度特別高，外資出口占總出口的比重很大。截至 2007 年年底，中國出口總額占 GDP 的 40%，對外依存度高達 70%。一個國家對外的依存度越高，說明這個國家越貧困。

　　如今，外資企業的出口占全國總出口的比例正在逐步上升。所以，我們一定不要認為中國的國際貿易越來越熱鬧，我們的經濟就越發達。中國應該讓自己從製造大國發展成為創造大國，要面對現實，直面自己國家的真實問題，採取有效的步驟和措施，使人民真正過上和諧、富足、民主、安定的生活。

第七章 金融大棋局：各國向何處去

　　美國和美元聯手製造了波及全球的金融危機後，任由各國自己收拾殘局。相比美國，歐洲瀕臨破產、債務危機的消息屢屢傳來，日本復甦之路遙遙無期。毫無疑問，美國依然是世界金融的主導者。

　　美元會一直稱霸下去嗎？歐盟能否克服危機重振雄風？這一切都需要時間來回答，不過從世界大趨勢來看，沒有一個國家是可以永遠獨霸天下。不過可以預見的是，金融博弈仍會繼續。

金融危機的骨牌效應

從第一棵樹的砍伐，到整片森林的消失；從一日的荒廢，到一生的荒廢；從第一場強權戰爭的出現，到整個世界文明化為灰燼，這一切都是一個從小到大的傳導過程。這就是骨牌效應：在一個相互聯繫的系統中，一個很小的初始能量就可能產生一連串的連鎖反應。

2008 年發軔於美國次級房貸危機的金融危機，將世界各國拖入到全面衰退的境地。

2008 年年初，花旗、美林、摩根士丹利、美國銀行等美國主要金融機構集中披露了慘不忍睹的 2007 年四季報。花旗銀行沖減總數為 181 億美元次級房貸相關資產，淨虧損 98.3 億美元，創集團成立以來的首個季度虧損和花旗銀行建立 196 年以來的最高單季虧損紀錄；美林沖減總數為 141 億美元次級房貸相關資產，淨虧損 98.13 億美元，一舉刷新三季報紀錄；摩根士丹利減記次級房貸損失 94 億美元，淨虧損 35.19 億美元；美國銀行減記次級房貸損失 52.18 億美元，淨利潤下降 95％至 2.168 億美元。為填補巨額虧損的大窟窿，各大金融機構紛紛採取削減股息、裁員等應對措施。

這場血雨腥風並沒有局限在華爾街，而是在歐洲、日本等地陸續登陸。據美國標準普爾公司公佈的資料，2008 年 10 月份全球股市集體

下挫，共蒸發市值5.79兆美元。其中，美國股市共蒸發市值2.27兆美元。資料同時顯示，2008年前10個月，全球股市共蒸發市值16.22兆美元。

隨著美國金融危機向世界其他地區蔓延，北歐小國冰島陷入困境。冰島最大的3家銀行相繼宣佈破產，政府無奈將其收歸國有。三大銀行目前的債務總額高達610億美元，是冰島GDP總額的近12倍。與此同時，冰島股市2008年9月持續暴跌，本幣克朗也大幅貶值，冰島已經陷入「國家破產」的絕境。由於無力獨自應對金融危機，冰島政府不得不積極尋求外國援助。

冰島一度是全球最富有的國家之一。在2007年的一項世界排名中，冰島人均GDP名列全球第五。而在本次金融危機中轟然倒塌的冰島三大銀行，一度是冰島人最引以為豪的國家形象代言人。業界人士認為，作為在近年的全球金融化浪潮中迅速崛起的新貴，冰島嚴重受創於本次金融危機凸顯了過度金融化、實體經濟空洞化對一國帶來的風險。

冰島是在這場危機中第一個被貼上面臨國家破產標籤的國家。銀行3/4收歸國有、股市暴跌97％、貨幣急劇貶值……冰島經濟吃盡了苦頭，冰島政府甚至建議國民自行捕魚來節省糧食開支。

因為全球經濟減速導致出口大幅下滑，依賴外需帶動的日本經濟自2008年第三季度陷入衰退。根據日本內閣府公佈的資料，日本在2008年第四季度經濟按年率計算下降12.7％。這是日本經濟連續第三個季度出現下降，也是自1974年第二季度以來的最大季度降幅。

歐元區的經濟形勢也是每況愈下。由於投資、消費和出口全面疲軟，歐元區經濟2008年已經連續三個季度出現經濟負增長，從而陷入

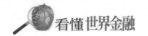
首次衰退。儘管歐元區成員國隨後紛紛採取大規模經濟刺激措施，卻難以逆轉經濟下滑勢頭。

這場風暴席捲了全球。透過對金融危機的分析，可以清晰看見一個鏈式傳導的過程。美國政府實施的長期利潤飆升，使得美國的房貸市場迅速惡化，引發了次級房貸危機。然後，次級房貸危機便向美國商業銀行發起全面攻勢。美國金融的基石——美國次級債，和與它相關聯的金融衍生產品幾乎完全陷入混亂之中，各種期限的美國國債、地方政府債券、企業債券等也被牽扯進來。建立在這些債券的預期收益基礎上的、高達數百兆美元的金融衍生財富突然間蒸發掉了，金融危機愈演愈烈。

從美國次級房貸危機到次債危機的發展和變化，會明顯感覺到這些年來美國的金融就像在不牢固的地基上搭積木，一旦地基稍有變動，整個積木都有可能塌陷。美國金融界的影響力是全球性的，一旦出現問題，便會在全球範圍內迅速擴張，整個世界經濟都會受到衝擊。

美國的霸主地位能否動搖

　　從世界大趨勢來看，沒有一個國家是可以永遠獨霸天下的。500年前，中國一枝獨秀，佔領著世界中心的地位，保持著空前繁榮的局面，但是，這局面也正是從 500 年前開始被打破。

　　荷蘭率先奪得了世界武力的大旗，橫行天下，後來是葡萄牙，接著是西班牙，緊接著是英國。從 20 世紀開始，美國就憑藉其獨特的地理位置，獨霸天下，一直持續到今天。

　　1991 年蘇聯解體，宣告了二次世界大戰後世界上建立的兩極格局的崩塌。在美國人眼裡，美蘇兩極少了一極，理所當然應該建立美國一家說了算的單極世界。可是誰都知道，沒有制衡的世界霸權必定是惡魔，那樣一來，等於全世界都在替美國人打工，所以，連美國的歐洲盟友都不能接受。但是，暫時還找不到一個能和美國抗衡的國家來充當「級」，只能退而求其次，找些次強國來牽制美國。

　　第一個站出來的歐盟，它是一個由德、法、英、義等十幾個已開發國家和部分開發中國家組成的國家聯合體，整體實力與美國基本相當。第二個站出來的日本 GDP 總量排名世界第二，僅列美國之後。第三個站出來的俄羅斯，真實國力遠不如當年的蘇聯，但俄羅斯繼承了蘇聯的核武器庫，是世界上唯一能徹底摧毀美國的核人國。俄羅斯也

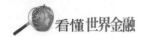

被承認為一極。許多國家認為中國也應該是一極。因為中國改革開放成就斐然，經濟實力迅猛增長，而且是聯合國常任理事國，歷來處事公正，尤其是在開發中國家中有巨大的號召力。就這樣，蘇聯解體後形成了一個超級大國美國加多個強國的多極格局。

但美國霸權的拐點確實已經出現了，表現在以下兩個方面：

1. 債臺高築。2011 年 5 月 16 日，美國國債已經高達 14.29 兆的規定上限，相當於每個美國人負債 4.53 萬美元，約合近 30 萬人民幣。

顯然，調高上限並不能解決問題，只是在延緩危機總爆發的同時，使問題越發嚴重。正如新華網上的一篇評論中說的：「美國債務危機是一個『混世魔王』，期待它溫順地進化成『救世主』是不切實際的幻想。它不只是單一的財政或財政體系危機，而是美國的經濟增長危機、經濟制度危機、憲政危機、霸權危機，以及世界政治經濟秩序不公正、不合理危機等混合體的外表包裝，它的任何破損都使其他危機暴露在外，特別是美國霸權受到動搖。」

2. 開機印鈔。曾有一位美國經濟學家宣稱：美國是最不怕欠債的國家。因為各國債務都是以美元為表現的，而美元是美國印的。從理論上講，擁有印製美元特權的美國具有無限的還債能力。

2009 年 3 月，美國印了第一批鈔票。紙變錢的魔術太有誘惑力了，於是又有了 2010 年 8 月的第二次。以美元為世界貨幣的國際體系將面臨國家信用危機。

美國霸權的轉振點已經出現，但那只意味著它離開了峰頂，它仍是全球唯一的超級大國，它的經濟實力、軍事實力和教育科技實力，仍然佔有絕對優勢，它在聯合國、世界銀行和國際貨幣基金組織等國

際組織中，仍然具有最大的發言權。

　　美國霸權的全盛時期已經過去，但毋庸置疑的是，美國仍將長時期佔據霸主地位。

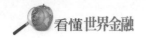

歐洲還能重振雄風嗎

金融危機過後,整個世界就沒消停過,尤其是歐盟。如果說「冰島國家破產」、「愛爾蘭經濟危機」、「雷曼兄弟破產」讓歐盟經濟備受衝擊;那麼,2010 年 5 月迅速升級的「希臘主權債務危機」,彷彿產生了滾雪球效應,使得西班牙、葡萄牙、義大利等國,無不驚呼「主權債務危機『狼來了』」!歐盟多國財政吃緊,歐元急速下跌,股市劇烈動盪,整個歐盟陷入了泰山壓頂般的窘境。

面對危機,歐元區以及整個歐盟正在抓緊協商如何在危機預警、協調步驟等方面統一行動,同時各自加緊「自救」,準備「勒緊腰帶過日子」。

如此困境表明歐盟曾經的輝煌已經逝去。

第二次世界大戰結束 5 年之後,法國和聯邦德國兩國政府提出一項議案,將兩國國有化的煤炭和鋼鐵產業進行聯合。1960 年之後,法德兩國聯姻的種子已經長成了參天大樹,這棵大樹正是我們今天看到的歐盟。

1993 年 11 月 1 日,《馬斯垂克條約》正式生效,歐盟正式誕生。面對歐盟,有人說這不過是衰落的貴族們為了生活得更好而採取不得已的辦法,也有人說這是一個頗具前途的合作方式。

　　歐盟的前身是 1951 年的歐洲煤鋼共同體。1957 年，荷蘭、比利時、義大利、盧森堡、法國、德國 6 國決定建立「歐洲經濟共同體」和「歐洲原子能共同體」。1967 年 7 月 1 日，這 6 個國家正式將「歐洲經濟共同體」、「歐洲原子能共同體」的主要機構合併統稱為「歐洲共同體」。

　　歐盟擴大了經濟一體化的目標，這些目標包括：在 1999 年 1 月 1 日以前發行共同貨幣；推動社會進步，比如改善醫療環境和保障勞動者權利；環境保護；保障公民權利和人權；確保司法公正；保證歐洲安全等。

　　1999 年，歐盟決定創立單一的歐洲貨幣，開始了與美元爭奪儲備貨幣地位的進程。在歐元發行 10 年後，16 個歐元區國家中的歐元流通總額達到 7510 億歐元，超過了美元在這 16 個國家中的流通額。另外，伊朗和委內瑞拉這兩個激進的產油國對歐元情有獨鍾。作為世界第三大外匯儲備國，俄羅斯中央銀行設置了由歐元和美元構成的貨幣儲備，並規定兩種貨幣的權重分別為：歐元 55％，美元 45％。

　　21 世紀的前 5 年，歐洲經濟呈現一片欣欣向榮的景象。歐盟作為其經濟載體，發展十分迅速。

　　但是 2005 年以後，歐盟各國便不再以「繁榮」自居了。各國的失業率一直處於上升態勢，在 2005 年這一年，波蘭的失業率高達 17.4％，德國、法國、英國的失業率分別達到 9.3％、9.2％、4.8％。老齡化和各成員國之間的內訌是主要原因，深深地阻礙了歐洲經濟的繼續發展。

　　有人說，如果任形勢繼續惡化下去，歐盟可能會淪為美國的一個

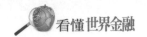

州。但也有人認為歐盟有非常好的國際形象，作為對外援助金額最大的經濟體，歐盟可以透過外援建立「洲際合作」。同時認為美國將被全球化的浪潮吞沒，而歐洲沉穩的行事方法會作為一種世界標準主導21世紀。

其實歐盟各國在經濟上普遍處於疲軟狀態，我們來看看德國：20世紀90年代初，德國是15個歐盟國家中最為富有的3個國家中的一個，但到了20世紀90年代中期，德國的經濟就排到了第六，進入21世紀，在歐盟各國中，德國就是倒數的了。與德國相比，法國的發展速度顯得更慢了，法國經濟從2005年開始就一直在走下坡路。在歐盟各國中，英國、荷蘭、愛爾蘭、西班牙算是比較幸運的，發展一直比較平順、穩定。

當金融危機襲來，所有歐盟成員都難逃經濟零增長或負增長的命運。禍不單行，一年以後，歐盟還未走出經濟危機帶來的陰影時，債務危機又在希臘爆發，並迅速波及愛爾蘭、西班牙、葡萄牙、義大利。債務危機不斷惡化，投資者的市場信心降低，紛紛拋售歐元區資產。

歐盟的底子雖然厚實，但扛不住力不從心的事情不斷發生。2010年12月22日，希臘議會針對緊縮預算方案進行投票，卻引起了希臘全國性大罷工。投資者們憂心忡忡，擔心緊縮預算後，雅典街頭的暴力事件會增多而影響希臘經濟的恢復。

展望未來，歐盟能否重振雄風，恢復昔日的輝煌還不得而知。因為歐洲現如今面臨的不只是經濟危機，還有政治危機，而歐洲目前沒有克服這些危機的能力。

日本經濟已經病入膏肓

災難面前，人類永遠是弱者。北京時間 2011 年 3 月 11 日 13 時 46 分，日本發生了有地震紀錄以來的最慘烈的地震。這次地震有著驚人破壞力，影響將持續若干年。

真是福無雙至，禍不單行，地震之後，一場更具毀滅性的海嘯接踵而至，海嘯之後，又引發了一場不斷升級的更具毀滅性的核危機……

此次地震對日本的傷害比 1995 年的阪神大地震更嚴重，這足以使日本的經濟陷入膏肓。隨著全球製造業的發展，日本的製造業正遇到越來越多的競爭對手，這意味著，時間帶給日本的不是復甦的機會，而是更大的阻力。因為它是在日本經歷了「失去的 20 年」後的又一次重擊，是在日本已經超過 GDP200％後的負債上面又加了一根沉重的橫樑。

過去，一些開發中國家為了獲取外匯發展國民經濟，在國際市場上大量銷售石油、工業原料和農礦產品，貨足價廉，這使日本得到了極為有利的原料、燃料的供應；而且開發中國家為發展國內工業，急需進口大量機器設備，這為日本的工業產品提供了前所未有的銷售市場。這些都成就了日本的經濟。但現今的日本已經不同於往日了。在

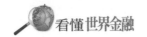

「資源為王」的時代裡，原材料價格持續高漲，不得不說資源匱乏是日本的軟肋。

再來看看這次地震與 1995 年的阪神大地震有什麼不同。

1995 年阪神地震後，日本的債務餘額對 GDP 之比為 90％左右，財政赤字（中央政府和地方政府赤字）對 GDP 之比為 5.4％，政府財力充裕，足以讓日本政府花費 20 兆日圓用於實施創新復興計畫。這使得那時的日本能迅速從災害中走出來。而「3.11」大地震發生之時，日本的財務狀況是世界已開發國家中最差的，政府根本沒有充足的財力用於大規模重建。恰巧地震又發生在京濱工業地帶，地震導致的企業停產，運輸障礙以及能源短期供應中斷，將會對日本製造業乃至日本經濟造成長遠的影響。

經濟學家 Julian Jessop 在其研究報告中寫道：「日本經濟復甦已經失去了動力，重建的大部分成本都將進一步增加政府的債務負擔。」他認為，災難對本已蹣跚的日本經濟來說又是一記重擊。「末日博士」羅比尼認為，重建會刺激財政開支，可日本預算赤字已接近 GDP 的10％，人口又步入老齡化，這肯定是日本在最糟糕的時間發生的最糟糕的事情。

惡性循環的資產負債表衰退，是套在日本脖子上的沉重枷鎖。連續近 10 年被日本資本和金融市場人士選為最受信賴的經濟學家之一的辜朝明，將日本的經濟衰退和此前 1929~1933 年的「大蕭條」以及次級房貸危機所造成的經濟衰退解釋為「資產負債表衰退」。其實就是說當全國性的資產價格泡沫破滅後，大的私人部門資產負債表隨之處於資不抵債的狀況，他們會把收入的大部分用於還債，而不是用於

投資，由於私人部門的經濟活動從追求利潤最大化轉變為追求債務最小化，導致投資下滑，消費減少，造成經濟持續衰退。

目前，日本正處在這種惡性循環中。更愁人的是，這種頑疾用貨幣政策很難醫治。「在小泉純一郎執政期間，由竹中平藏所主導的日本政府經常要求中央銀行增加貨幣供應，並且威脅日本央行，如果拒絕將導致其自身獨立性的喪失。不管是日本國內還是國外的經濟學家們也總是喋喋不休地宣稱：如果日本央行當初能夠更加熟練地運用貨幣政策，日本的經濟衰退本來是可以避免的。這種聲音也經常能夠從像世界貨幣基金組織和經濟合作與發展組織這樣的國際機構那裡聽到。但是，資產負債表衰退的一個關鍵特徵就是貨幣政策的失靈，這是一個百年不遇的現象。身在日本的人們早已親身經歷了這個現象：從 1995 年至 2005 年，即使在利率幾乎為零時，貨幣政策依然失靈。股市難以恢復元氣，經濟也無法復甦。在 20 世紀 80 年代末期，2.5％的官方貼現率催生了資產價格的泡沫。然而相對應的是在僅僅數年之後的 1993 年 2 月，同樣 2.5％的利率沒有產生任何刺激作用，甚至之後的零利率仍然如此。」

貨幣政策不是醫治這種頑疾的良方，但日本現在拚命地使用貨幣擴張政策，這很有可能導致本來已經病入膏肓的日本再次陷入「資產負債表衰退」的黑洞中，到那時，日本再想要改善經濟就難上加難了。至少從目前來看，日本的經濟復甦非常之難。這次地震為日本原本衰退中的經濟雪上加霜，甚至可能讓日本失去了重生的機會，至少也讓日本的復甦時間向後推遲。

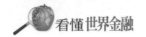
金磚五國同臺共舞

　　凡是和「金」沾上邊的，大多是奪目而富貴的。當今世界就有幾個國家沾上了「金」字的邊，那就是「金磚五國」。

　　在剛剛進入 21 世紀時，「金磚五國」就以迅猛的經濟發展速度讓世界驚歎了一番。在金融危機爆發時，五國也表現出了強者之勢，成為國際上對抗金融危機的中堅力量。

　　如何拯救歐債危機，歐盟國家目前仍未取得完全一致的意見。歐盟委員會主席巴羅佐表示，他不同意成立一個新的歐洲層面的經濟主管機構來應對歐債危機。這意味著歐盟與德法領導人之前所提倡的危機解決方案發生重大分歧，歐債危機前景再添變數。所以，在歐債危機尚未完全找到解決之道時，世界各國紛紛把目光投向了巴西、俄羅斯、印度、南非和中國在內的金磚五國。

　　我們先來看看金磚五國是怎樣崛起的。

　　巴西的經濟居拉美首位。巴西是南美第一大國，擁有極為充沛的礦產資源和農產品。在礦產資源方面，巴西的鐵礦砂儲量和出口均處於世界第一位，鈾、鋁、錳礦、石油、天然氣儲量和出口量也居世界前列；在農產品方面，巴西不僅是世界第一大咖啡生產國和出口國，也是全球最大的蔗糖、雞肉、牛肉出口國，大豆和玉米產量居世界前

位。有著如此豐富資源的巴西在平穩中發展，但是隨著 2008 年下半年國際大宗商品價格的暴跌和金融危機的全面爆發，巴西的經濟增長開始面臨前所未有的挑戰。但是經過奮戰，巴西如今已使數百萬人脫離了貧困，令人矚目的商業表現令該國成為世界舞臺上的一股重要力量。

21 世紀以來，經過普亭政府 8 年的勵精圖治，借勢全球能源價格的日益高漲，終於將俄羅斯的經濟整活過來。普亭政府的手段主要包括：建立社會市場經濟體制、激勵企業增加投資、加大對科教的投入、擴大居民消費需求、積極發展對外經濟貿易關係等。2004 年，國際市場原油價格持續堅挺，俄羅斯抓住了機遇，大幅增加石油產量，使其對獨聯體以外國家的石油出口量大幅提升，實現了貿易順差。總之，俄羅斯的經濟發展是建立在能源的出口和重工業的基礎之上的。

作為世界上發展最快的新興大國之一，印度近年來正在續寫著中國經濟增長的奇蹟。「大象起舞」不但是西方國家對印度迅速崛起的最形象的比喻，也是印度經濟發展的真實寫照。印度的生產成本很低，所以許多國家在印度投資建廠。不過，除了被西方國家離岸生產外，印度在外包領域也佔有優勢。外包是一些已開發國家的公司把本來要自己做的部分程序，如研發、聯繫客戶、處理帳務等交給另一個公司代勞，並使其將所有做完的工作重新合併。因為印度鼓勵國民開發大腦，學習科學技術，所以，歐美等國將電子晶片的設計、電子商務的開發工作交給印度來做。這也促進了印度經濟的騰飛。

南非自然資源豐富，是世界五大礦產國之一。黃金、鉑族金屬、錳、釩、鉻、鈦和鋁矽酸鹽的儲量均居世界第一位，蛭石、鋯、鈦、氟石居第二位，磷酸鹽居世界第三位，銻、鈾居世界第四位，煤、鑽石、

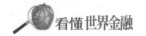

鉛居世界第五位。南非是世界上最大的黃金生產國和出口國,黃金出口額占全部對外出口額的 1/3,因此又被譽為「黃金之國」。南非是非洲經濟最發達的國家,其國內生產總值占非洲國內生產總值的 20% 左右。礦業、製造業、農業和服務業是南非四大支柱產業,深井採礦等技術居世界領先地位。南非的製造業門類齊全,技術先進,主要包括鋼鐵、金屬製品、化工、運輸設備、食品加工、紡織、服裝等。製造業產值占國內生產總值的近 1/5。南非的電力工業較發達,擁有世界上最大的乾冷發電站,發電量占全非洲的 2/3。近年來,南非政府為改變區域經濟發展不平衡的狀況,透過加大政府對宏觀經濟政策的調整力度、加強基礎設施建設、實行行業優先發展戰略、加強教育和人力資源培訓等措施,促進了就業和減貧,經濟運轉平穩。2011 年,南非成為金磚國家。

中國和印度一樣生產成本很低,所以中國的入世催生出了一種新的國際合作模式,離岸生產。歐美等西方國家把本土的工廠整個搬到中國,按照原來的生產方式讓中國工人操作。中國工人的工資很低,對福利的要求也不高,也正因為如此,中國成為「世界工廠」,這樣,中國的經濟才穩步發展起來。目前,中國已成為世界上經濟發展速度最快、影響力最大的新興經濟體。

2011 年,在世界銀行與國際貨幣基金組織秋季年會舉行前夕,由巴西、俄羅斯、印度、中國和南非組成的金磚五國於 9 月 22 日在華盛頓舉行財長和央行行長會議,就全球金融形勢面臨的風險及應對措施進行討論。金磚五國對國際貨幣基金組織份額和治理權改革的緩慢表示關切,認為 2010 年改革的實施滯後,應推動在 2013 年 1 月前對配額

進行全面審核，並在 2014 年 1 月前完成下一次配額審核。這是增加基金組織的合法性和有效性所必需的。金磚五國重申支持保護基金組織最貧窮成員國的話語權和代表性的措施，呼籲基金組織的監督框架更加統一和公平。

總之，能夠入選金磚五國的都是有實力的國家，金磚五國也越來越受到世界各國的關注。2011 年 4 月 14 日，第三屆「金磚國家領袖峰會」在美麗的中國三亞舉行。這次會晤結束後，五國發表了聯合聲明《三亞宣言》。不要小看了這份宣言，它或許在將來能夠把特色各異的五國乃至世界經濟帶入到一個嶄新的篇章中。

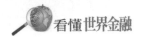

寄希望於世界政府？

在 2004 年的南亞海嘯中，曾有一幕幕同舟共濟、相互救助的感人場面。2008 年金融海嘯來臨時，各國政府也擺出了合作姿態。這些，讓人們看到了全世界團結起來的力量。

提到政府，會讓人首先聯想到強大而無處不在的權力，想到其沒有法律約束的暴力後盾，這裡所說的世界政府不是烏托邦，不是強大的無所不在的專制強權，而是建立在個人自由意志基礎上的，符合現代人類社會進步潮流的，能夠捍衛全人類基本的道德價值，解決世界範圍內紛爭的最低限度的必要的公共權力機構。這個世界性公共權力機構的根本宗旨是保護弱勢群體的權利，尤其是維護每一個個體的權利，在世界範圍內解決紛爭，為全人類提供交流合作服務。

在西方思想史上，最早提出這一概念的是但丁。在 17 世紀歐洲主權國家體系出現之後，世界政府論的基本主張是組織主權國家聯盟，以透過一致行動來維持和平、解決爭端。國際組織的早期理論家有克呂西、佩恩、聖彼埃卡、盧梭和康德等。但直到《國際聯盟盟約》（1919年）和《聯合國憲章》（1945 年）締結之後才具有實際的影響。1992 年，聯合國開發計畫署的世界發展報告在最後一節提出了建立一個世界政府的主張。報告認為，世界政府的設想是有基礎的，這就是業已建立

的七國集團、國際貨幣基金組織、世界銀行、各地區的開發銀行、關稅及貿易總協定、跨國公司、非政府組織和聯合國組織。

雖然說世界政府帶有強烈的理想主義色彩，這種政治主張也未曾實現過，但世界政府是否會出現？我們是否要寄希望於世界政府？當今世界有兩種截然不同的聲音。

回應這一思潮，並覺得有可行性的法國經濟學家雅克‧阿塔利（Jacques Attali）認為：「如今全球化已經進入一個新的階段，各種國際法規和準則也在逐步趨同，特別是人類的價值觀基本有了較為一致的看法，也有國際社會比較認同聯合國等國際機構，目前應該著手對成立全球性民主政府進行思考。」

諾貝爾經濟學獎得主孟德爾也曾在一次論壇上表示，世界確實需要一個全球的政府，這樣才能夠提高各方面的效率，包括金融和經濟領域。任何體系的國家都按照有一個世界政府的架構來行使並且遵守我們想像中的世界政府應該發出的一些指令。

另一種聲音則認為：「建立世界政府的一個前提條件是每個國家都要讓渡它們的主權，否則，像聯合國或任何與其類似的國際組織都很難發揮實際作用。世界政府不可能實現，是在於它和現實中以國家為中心的國際體系的不相容性。世界政府將是集權型的，國際政治中的權力被集中到世界政府機構手中；現實中的國際體系則是分權型的，國際政治中的權力由分散的、獨立的國家分別掌握。以國家為中心的國際體系反映了世界多元性的特點，它包容著不同的制度、文化、信仰和價值觀念，這種體系即使在很遠的將來也是不可取代的。另一方面，在為成員提供安全方面，世界政府在邏輯上也做不到這一點，因

為世界政府只有在獲得了成員自主權的轉讓後，才能保護其成員，而成員在確定世界政府保護自己之前，它們又不能輕易將自己的權力讓渡給世界政府。」

不管怎樣，在全球化的今天，需要一個統一有效、擁有合理民主制度的世界政府，來共同應對經濟危機，伸張國際正義，解決國與國之間的合作與衝突。在統一有效的民主世界政府未建立起來之前，人類世界也不會出現真正的新秩序。即使一時間不會出現世界政府，各種跨國聯盟、跨國聯合體也會不斷湧現，同時，聯合國的職能也會不斷擴大和強化。

如今，世界上已經有了聯合國這個公共權力機構的雛形，在聯合國之下，還有各種經濟機構，如 WTO，國際援助機構，海牙國際法院，環境保護機構，等等。此外，各個地區性機構，如歐盟，正在迅速超越國家邊界，世界政府以及各個層次的超國家政府是一個世界性進程，我們不需要創造，而是要去完善和推進。

國際法院位於荷蘭海牙和平宮，與一所私立的國際法研究中心海牙國際法學院共用一座建築。國際法院的部分現任法官亦是該學院的校友或前教員。設立國際法院的目的，是裁決國家之間的糾紛。國際法院曾審理過戰爭罪、非法的國家干預及種族清洗的案件。其中，仍有案件尚在審理中。

2002 年，在經過了聯大發起的一系列國際討論後，國際法院的相關機構國際刑事法院開始運作：這是首個負責審判觸犯國際法最嚴重罪行（包括戰爭罪和種族滅絕罪）的常設國際法院。國際刑事法院在人事和財政上獨立於聯合國運作。但是，國際刑事法院理事機構的一

些會議、《羅馬規約》締約國大會則由聯合國負責舉辦。國際刑事法院和聯合國訂立了關係協定，以規範和指導雙方的關係與合作。

因此，我們所說的世界政府並不是一種嶄新的創造，也不是歷史上曾經多次出現的理性構建的烏托邦，這只是順應全球化的一種趨勢和潮流。從上述對世界政府的構想來看，可能並未感覺如何新奇，因為那些機構在當今世界都已經以各種形式存在，雖然有些還僅僅處在萌芽狀態。世界政府的實現道路，也不可能是一個清晰的途徑，事實上，隨著科技進步，隨著經濟全球一體化，人類越來越多的道德共識，我們正在向這一自然的趨勢邁進。

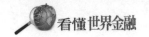

第八章 世界通膨，美國製造

美國已故經濟大師佛里曼（Milton Friedman）曾經說過：「只要美聯儲坐直升機撒錢，就可解決經濟衰退和通縮的問題。」這就是說，只要實施量化寬鬆貨幣政策，即開足馬力大印鈔票就可以救市。

量化寬鬆貨幣政策，這是美國最常用的招數，透過一次次大量發行貨幣，美國很輕鬆地就將本國的通貨膨脹轉移到了其他國家。

美國政府將印鈔機開足馬力，大印特印，上演「以通膨救通縮，以泡沫救泡沫」的神話。最後的買單者，仍是那些恐懼外債資產大幅貶值縮水，卻又無可奈何的世界其他各國。

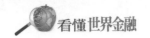

通貨膨脹：美國引起的全球性大波瀾

　　布雷頓森林體系建立以後，全球通貨膨脹就一直沒有消失過，只是大多情況下，它表現得不是很明顯，人們意識不到它的存在而已。在過去的 40 年中，發生過 3 次嚴重的通貨膨脹和資產價格泡沫，當通貨膨脹和價格泡沫消失後，全球經濟便陷入衰竭。

　　每一次危機過後，美國總想透過自己所握有的超級貨幣來解決危機。根據美國國會的報告，自美國爆發金融危機以來，美國財政部、聯邦政府機構和美聯儲至少投入了 8.5 兆美元來挽救美國經濟，其中主要是美聯儲透過各種方式濫發信貸，收購美國國債和銀行的有毒資產。

　　這一數字已經超過了美國參與的歷次戰爭費用的總和，包括南北戰爭、兩次世界大戰、朝鮮戰爭、越南戰爭和伊拉克戰爭。泡沫經濟破滅初期大量增發貨幣向金融市場注資，能夠暫時取得緩解市場動盪和經濟衰退的效果，但長期持續注資就會造成貨幣貶值和通貨膨脹。由於美元是國際貿易的通用貨幣，糧食、石油等大宗商品主要用美元進行交易結算，美聯儲不斷推出量化寬鬆貨幣政策造成全球美元氾濫，勢必引起這些關係民眾生活的商品價格猛漲，導致各國持有的巨額外匯儲備和美元債券不斷貶值。

近幾年來，許多國家的食品、能源價格上漲幅度超過了兩位數。由於開發中國家民眾的消費支出中食品、燃料占更大比重，美聯儲濫發貨幣必然對開發中國家造成更大衝擊，而國際局勢動盪能夠刺激避險情緒，有利於維護美元霸權，這樣既能濫發美元又能避免美元急劇下跌並喪失購買力，透過製造、加劇國際局勢動盪獲得利益。正因如此，美國一面積極輸出天量信貸政策、美元和通貨膨脹，一面竭力宣揚普世價值、輸出顏色革命和政治動盪，透過向世界各國轉嫁危機謀求多方面利益。

有一位經濟學家說過：美元享有本位幣的地位，享受本位幣的利益，卻從未承擔過本位幣的責任，美元發行不受拘束，這就是當前這個貨幣體系的核心問題。美國透過大量發行貨幣，在一定時間內穩住國內趨勢，但時間久了，不僅不能改變經濟總量下降的趨勢，還會造成全球範圍內的通貨膨脹。

近幾年，通貨膨脹已成為全球性大難題，放眼望去，許多產品價格都創出了新高。直到次級房貸危機以不可遏止的速度惡化，全球性的物價上漲才止住腳步。

美元無處不在，美國濫發鈔票所導致的通貨膨脹無所遁形。2010年8月，美聯儲宣佈，將實行繼2008年以來的第二輪量化寬鬆政策，即QE2政策，其實質就是要印製貨幣購買財政部發行的高達6000億美元的債券。美國的這個決定，目的很明顯，就是透過大量購買美國國債，壓低長期利潤來刺激美國經濟。很明顯，這個QE2政策就是一個陷阱。因為新增貨幣並不會進入美國實體經濟，而是會以熱錢的形式流向新興市場，從而再度引發全球性的通貨膨脹。

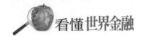

　　2011 年 5 月，美國史丹福大學威廉·依貝爾國際經濟學教授羅奈爾得·麥金農作客上海陸家嘴金融論壇，與中國經濟學家展開了關於輸入型通貨膨脹的討論。他認為美聯儲零利率政策會對全球經濟造成極大的影響。大宗商品的劇烈波動，迅速從美國流入中國、巴西、拉丁美洲的熱錢，都會給世界各國帶來很大的負面影響。因為當大宗產品以高價及零利率出口，就很有可能面臨非常大的通貨膨脹。

　　作為能夠印製世界儲備貨幣的美國，和全球範圍內的通貨膨脹是脫不了干係的。通貨膨脹可以說是美國引起的全球性大波瀾。

警惕寬鬆貨幣政策，提高「消解力」

　　與歐美發達經濟體面臨的經濟衰退風險不同，新興經濟體需要應對的則是日益高企的通貨膨脹。新興經濟體的通膨狀況取決於全球的利率環境即美國利率。

　　2009年3月和2010年11月，美聯儲先後實施了兩輪量化寬鬆政策，向市場投放2萬多億美元。雖然QE2政策招致來自美聯儲內外的批評，但美聯儲主席伯南克仍認為QE2政策是成功的。

　　美聯儲公佈的最近一次貨幣政策決策例會紀要稱，最近一輪美國經濟衰退比原先預計的程度要深。截至2011年第二季度，美國實際國內生產總值還沒有恢復到2007年經濟衰退以前的水準。於是，美聯儲的決策者討論了其他一些刺激經濟復甦的政策工具，並準備在適當時機採取行動。

　　美聯儲理事在是否採取新的刺激性貨幣政策問題上產生分歧。在參加投票的10位美聯儲貨幣政策決策者當中，有7人投了贊成票，3人投了反對票。這種情況在美聯儲歷史上是少見的。反對者擔心進一步的寬鬆貨幣政策會導致未來通貨膨脹加劇。

　　美聯儲像是個水龍頭不停向池子裡注水，這些水大部分被其他國家吸收，各國的緊縮政策只能拖延時間等待美聯儲寬鬆政策的退出。

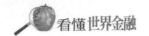

當前已開發國家深陷主權債務危機，尤其是對於美國債務型經濟體制而言，要想舉債就必須提高債務上限，而未來繼續增發貨幣以及「弱美元政策」為赤字融資無疑是債務削減的必然選擇。

美國將由此大量印鈔，美元維持弱勢甚至繼續貶值的趨勢將更加明顯，而作為世界貨幣的美元氾濫引發的全球流動性過剩將使通貨膨脹問題雪上加霜。

2010 年以來，受美國量化寬鬆政策和歐洲債務危機的影響，美元和歐元輪番貶值，有關統計資料顯示，2010 年全年，人民幣對美元升值 3.1％左右，人民幣對歐元升值 11％左右。

弱勢美元和流動性過剩，將推動石油、鐵礦石等大宗商品價格持續上漲，因此中國、印度等新興經濟體要警惕輸入型通貨膨脹。

同時，由於美歐經濟復甦乏力且投資機會少，加上美國長時間的超低利率政策，熱錢將持續湧入復甦情況較好的新興經濟體尋求更多的回報，因此新興經濟體還要嚴防資產泡沫的風險。

德意志銀行大中華區首席經濟學家馬駿表示，持續的量化寬鬆政策將推高金融資產和大宗商品的價格，進而為日後更高的通貨膨脹埋下伏筆。另一方面，量化寬鬆政策將推動投機資本流入新興經濟體，導致這些經濟體面臨更大的通膨風險。

2011 年，中國前 7 個月消費物價指數（CPI）同比上漲 5.5％，巴西前 5 個月通膨率累計達 3.71％，印度前 5 個月批發價格平均漲幅為 9.25％，已連續 17 個月超過 8％，俄羅斯 5 月份 CPI 同比上漲 9.6％。此外，越南等「新鑽國家」也出現較高的通貨膨脹率。

為管理通膨及通膨預期，新興經濟體紛紛開始收緊貨幣政策。

2011 年以來，中國央行連續 6 次提準，3 次加息，巴西央行連續 4 次加息，印度央行更是從 2010 年 3 月至 2011 年 6 月已經 10 次加息。

為了消除物價上漲的貨幣條件，中國自 2010 年以來共 12 次上調法定存款準備金率，凍結銀行資金大概在 4.2 兆左右，而從 2011 年 9 月份開始，保證金將納入存準提取範圍，初步測算在 8000～9000 億元。在 20 個月的時間裡，中國「蓄水」逾 5 兆人民幣，這些資金主要是用於對沖外匯占款。

2011 年 10 月 7 日巴西國家地理統計局公佈的資料顯示，9 月份巴西綜合消費價格指數同比上漲 7.31％，創 2005 年 5 月以來新高。同時環比上漲 0.53％，超過 8 月份 0.37％的環比漲幅。

但就在新興經濟體國家緊縮貨幣政策效果日益顯現，通膨率有望回落之際，由美債引發的經濟風暴很可能將這些國家抗通膨的努力吞噬。自美債評級遭標普下調以來，恐慌情緒瀰漫全球。歐美的任何風吹草動，都會引發全球金融市場的大起大落。

食品價格的攀升是新興國家 CPI 攀升過快的重要因素。食品價格在印度的 CPI 中占 58％，在印尼和泰國占 40％，在中國占 34％。聯合國糧農組織發佈報告稱，由 55 種糧食商品組成的食品價格指數在 6 月份攀升至 234 點，同比漲 39％。據荷蘭合作銀行統計，食品約占亞洲國家 CPI 權重的 30％，在印度和菲律賓，食品占比甚至高達 45％。

受流動性推動，經濟增長較快以及全球初級產品價格上漲等因素，進入 2012 年，新興經濟體通膨整體抬頭開始成為全球面臨的一個新風險。因此，「外堵熱錢，內防通膨」是新興經濟體的頭號大敵。

當前新興經濟體物價上升仍是一個長期趨勢。包括中國在內的開

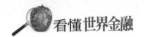

發中國家應當在穩定宏觀經濟政策的前提下，加快轉變發展方式，實現產業轉型升級，提高對通膨的「消解力」。

美元氾濫，輕鬆轉移通貨膨脹

目前，全球經濟態勢為：三分之一的開發中國家存在通貨膨脹問題和經濟過熱現象，三分之二的已開發國家經濟趨於冷縮狀態。雖然已開發國家經濟增長遲緩，但投資市場與資產價格在飛速增長，這些資產流入開發中國家，十分容易造成通貨膨脹。

每一次經濟危機過後，美國都想透過握有的超級貨幣來解決危機，最直接最有效的辦法就是量化寬鬆貨幣政策。美國透過一次次大量發行貨幣，很輕鬆地就將本國的通貨膨脹轉移到了其他國家。

當前正在西亞、北非地區蔓延的政治經濟動盪，和美聯儲濫發美元的量化寬鬆貨幣政策以及由此引起的全球通貨膨脹有密切關係。

2011 年，美元一反常態，不但沒有反彈反而大幅度下跌。美國是世界上最強大的國家，美元是世界通行的貨幣。如果你想要美元，那麼就得用你生產的商品去換。美元是硬通貨，所以大家都希望多存一些美元。如果你不儲備美元，當遭受美國「金融部隊」偷襲時，就沒有武器可以抵抗。儲備了足夠的美元之後，如果你把美元放在家裡，那就沒有利息，還不如放在美國這個大銀行，還能有點利息。對於美國財團來說，只要這個循環繼續，他們就能繼續安享奢侈的生活。

美國作為擁有全球經濟軍事霸權的壟斷資本主義國家，不會坐視

金融泡沫破滅引發危機侵蝕其國際地位，不會容忍給其帶來巨大利益的美元走向衰落，為了轉嫁危機並維護美元霸權美國可能採取進一步的舉動，包括先發制人引發新一輪的歐洲主權債務危機，擴大在利比亞的軍事行動以充分控制其石油資源，在中國周邊地區特別是朝鮮半島製造戰爭危險局勢，加大金融投機力度促使全球食品、能源價格暴漲，加劇全球嚴重通貨膨脹來誘發各國民眾的不滿情緒，配合非政府組織、網際網路宣揚普世價值並精心策劃突發事件，甚至直接干涉他國內政、製造政治動亂和顏色革命。美國歷來將美元霸權視為維護全球經濟軍事霸權的關鍵，為此不惜採取任何手段包括蓄意製造危機甚至發動戰爭。

當前美國迫不及待地向全球輸出通貨膨脹和政治動盪，甚至不惜拋棄和美長期合作的中東親美戰略盟國，是由於美國經濟正再次面臨虛擬經濟泡沫破裂前夕的危急形勢。新自由主義取消政府監管的金融自由化政策，造成了虛擬經濟投機泡沫脫離實體經濟無限制膨脹，美歐的金融衍生品規模高達 680 兆美元，比美國 14 兆美元的國內生產總值高出近 50 倍，比 50 兆美元的全球國內生產總值總和高出 10 多倍。美國的巨額注資絕大部分流入虛擬金融部門而非實體部門，人為大幅度提升巨額有毒資產價值以避免華爾街破產，虛擬泡沫經濟領域實際上已經發生超級通貨膨脹，這意味著美國鉅資救市只是「治標不治本」，美國經濟隨時可能面臨新一輪泡沫破裂衝擊的威脅。

可怕的熱錢

自 20 世紀 90 年代以來，國際金融市場一直處於不穩定狀態。墨西哥、泰國、馬來西亞、菲律賓以及巴西等國先後在熱錢的衝擊下爆發金融危機，世界各國將目光轉向了熱錢。

「熱錢」一詞源於英文的 Hot Money，又稱游資，或叫投機性短期資金，熱錢的目的在於用儘量少的時間以錢生錢，是只為追求高回報而在市場上迅速流動的短期投機性資金。它逃避監管，目的是投機贏利，而不是製造就業、商品或服務。

熱錢是不分國內國際的，前兩年風光一時的溫州炒房團其實是國內的熱錢，它們與國際熱錢投機內地樓市的思維和行為方式非常相似。如果它們出境投資或者海外避難，就是國際熱錢；實業的工商業資本與熱錢是有可能相互轉化的，當實業資本將本來用於商業競爭的錢變成投資，那它就轉變為熱錢。

中國的匯率制度穩定，這使得熱錢源源不斷地從國外尤其是美國流入中國。當一國國內的熱錢大量流入時，會加大熱錢在本國外匯中所占的比例，影響貨幣政策的正常操作，擾亂金融體系的正常運行。當金融體系變得混亂後，國內的通貨膨脹就會加劇。2004 年，中國的全年基礎貨幣投放額為 6600 多億人民幣，流入的熱錢達到 1000 億美

元，比全年基礎貨幣投放額還多。這就使得央行對貨幣的管理能力越來越弱，中國貨幣政策的主動性不斷下降，直接加劇了通貨膨脹的壓力。到 2004 年第三季度時，中國的通貨膨脹率達 5.3%，很多老百姓都反映手裡的錢不夠花。

美國經濟衰退，使得更多的熱錢流入中國資本市場，中國熱錢的政策從「寬進嚴出」轉化為「嚴進寬出」，雖然中國政府一直強調「嚴進寬出」，但是這些熱錢依然可以透過貿易管道和地下管道流進中國市場。「嚴進寬出」根本就改不了「狼」的本性，要想使熱錢不影響本國的資產價格泡沫膨脹，只有從根本上杜絕熱錢。

在國際上，熱錢的流動監管一直是一個無法迴避的問題，也是熱錢不容易被政府控制的最大癥結所在。許多專門研究熱錢的組織和機構研究多年也不知道那些熱錢究竟在哪兒，怎麼流通，更無法確切地知道熱錢運作的具體步驟。在國內，只有嚴格控制和監管一些國內外資本帳戶進出的異常情況，才能更好地從流通管道上加強國內的監管，壓制熱錢在國內的活躍程度。

在熱錢最為橫行的 2008 年，隨著熱錢的洗劫，國內 125 家上市公司損失慘重。隨著 A 股的持續下跌，這些市值高達 1324.14 億元的股票降為 782.18 億元，也就是說，在短短幾個月的時間內，這些公司的市值損失已經高達 541.96 億元，平均每家虧損 4.34 億元。

面對這樣的形勢，中國應該怎麼辦？央行行長周小川提出「池子」論，用「池子」蓄住熱錢，使其不能發揮作用。

透過密集的提準和 2011 年 9 月份開始實施的存準補繳新政，凍結的金融機構資金將超過 5 兆元；國外入境資金也出現明顯改觀，7 月

份新增外匯占款 2196.26 億元，環比 6 月的 2773.28 億元下降 20.8％。自 2011 年 5 月起，外匯占款已連續兩個月下降。「池子」最大限度地解決了發達經濟體定量寬鬆貨幣政策給國內帶來的衝擊，有效防止了外來短期資金對實體經濟的衝擊。

現在「池子」的功能已經被拓展，遠不是應對國際資本流入那麼簡單了，未雨綢繆地防範金融風險已經成為其第一要義。在金融風險還沒有出現的時候先把流水吸收起來，待有風險苗頭的時候，用「池子」中的水將之澆滅。接下來，「池子」將繼續匯同利率、匯率在保增長、調結構、抑通膨中共同發揮作用。

反熱錢就是要保衛我們的財富，也是為了捍衛我們的精神家園——我們的價值觀。熱錢的背後有西方菁英的強人邏輯思維，所以，欲反熱錢，就要反熱錢的邏輯思維，就要先拯救西方的菁英思想。

因此，必須嚴格控制人民幣兌美元的升值速度，以控制熱錢規模、提高熱錢的偷獵成本，也給予本土企業喘息之機。

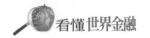

如何看待全球和中國的通膨前景

近幾年來，中國人對通貨膨脹的感受也越來越明顯了。2008 年 12 月 4 日，來自國家發改委的一份統計顯示，幾個月來，世界各主要國家和地區 CPI 普遍高位上漲，其中，中國 10 月份 6.5％的 CPI 漲幅在全球二十多個主要國家和地區中排名第八。

2010 年 6 月，豬肉價格連漲五周，在這連漲五周的同時，記者發現豬肉價格上漲背後暗藏著三個連環套……

2007 年 9 月份短暫回落後，10 月份又反彈至 8 月份創下的 6.5％的 10 年來新高。而從世界範圍看，物價上漲已經成為一種全球現象，不僅僅是中國一國。其中，新興市場經濟國家和地區近兩個月來的物價漲幅最為搶眼。據統計，2007 年 9、10 月份 CPI 漲幅超過 5％的國家和地區主要有俄羅斯（10.8％）、南非（9.7％）、阿根廷（8.6％）、越南（8.1％）、印尼（6.9％）、羅馬尼亞（6.8％）、印度（6.7％）、中國（6.5％）和臺灣（5.3％）。

而已開發國家在此輪全球性通膨中也難以獨善其身。據美國商務部公佈的資料，10 月份美國 CPI 漲幅達到 3.5％。如果國際油價持續維持在目前的水準，年底美國 CPI 漲幅將達到 5％。此外，雖然歐元兌美元升值降低了通膨壓力，但 10 月份歐元區 CPI 漲幅還是達到了 2.6％，

比前一個月上升 0.5 個百分點，連續兩個月超過歐洲央行 2%的預期目標。

在國際大宗商品價格暴漲的同時，美元在同步下跌，或者說，大宗商品價格的上漲就是美元貶值的結果，因為國際大宗商品價格基本都是以美元計價的。

以歐元兌美元的走勢來看：2000 年 10 月 26 日，1 歐元兌換 0.8225 美元。2008 年 7 月 15 日，1 歐元兌換 1.6037 美元。近 8 年間，美元的貶值速度之快，令人震驚。

如果對比美元的走勢和石油、鐵礦石等世界主要大宗商品的價格走勢就會發現，大宗商品價格單邊上揚的走勢恰好與美元單邊下跌的走勢相對應。美元貶值導致國際大宗商品價格上漲的結論，得到了許多人的認可。

除了貨幣供給因素，由於美元貶值導致的國際市場上石油、鐵礦石等大宗商品價格上漲，抬高了中國進口這些基礎產品的價格，從而引起國內市場價格上漲，並最終引發成本推動型通貨膨脹。

輸入型通貨膨脹壓力主要集中在原材料和上游產品領域。由於中國產品大都屬於低附加值產品，在國際分工中處於較低位置，不得不承擔更多的全球性的通貨膨脹成本。並且，在中國由於上游產業大都由壟斷企業經營，進一步扭曲了分配關係，使得企業利潤過於向上游集中。這種狀況同樣給中國企業的競爭環境帶來了不利因素。

外匯儲備過多中國財產縮水，使得即使買了美國的債券，也會使我們遭受損失，尤其是有些債券風險甚大，例如中國到 2007 年已持有美國房利美和房地美這兩家房地產公司的債券達 3760 億美元，儘管這

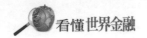

兩家公司的債券有美國政府的擔保，但這兩家公司的巨大危機仍然會使中國資產深陷縮水的困境。

英國《經濟學家》雜誌評論說，美國政府之所以放任美元貶值，一方面是希望透過弱勢美元促進出口，帶動經濟增長；另一方面更是為了減輕美國的巨額債務，由於美國的外債絕大部分是以美元計價的，美元的貶值實際上意味著其債務負擔減輕。

如果美國繼續開動印鈔機，那麼通貨膨脹的危機將一步步向世界各國逼近。世界上許多國家的本國貨幣大都在國內流通，而非像美元那樣可以把通貨膨脹壓力向世界輸送，因此，在美元霸權之下世界上大多數國家往往承受著比美國更嚴重的通貨膨脹壓力。

第九章 正在上演中的石油戰爭

運用金融上的統治力，美國成功在戰後建立了美元的霸權；運用政治和軍事上的統治力，美國成功掌握了世界石油命脈，建立了石油霸權。依靠著美元和石油的堅實基礎，霸權得以在全世界進一步展開。

無論是貨幣還是石油，都是它的致命武器。而不見硝煙的武器，其威力絲毫不亞於最先進的飛機和坦克。

圍繞石油展開的地緣政治鬥爭的生動場景，石油和美元之間看似簡單、實為深奧的內在聯繫，油價漲跌背後的真正原因，透過認識石油戰爭，我們面前展現出一幅圍繞石油而進行的驚心動魄的爭鬥畫面。

石油能源，決定世界經濟的軟黃金

　　石油是經濟發展的血液，是全世界各國發展的首要戰略問題。尤其在全球經濟一體化過程中，誰掌握了石油誰就主宰了世界！石油是決定世界經濟的軟黃金！

　　自 1867 年人類進入石油時代至今，石油對世界各國的重要性有目共睹。沒有任何一種物資像石油這樣左右著世界各國及國際間的政治、經濟、軍事和外交。在石油對人類社會近一個半世紀的控制過程中，人們用各種稱謂來概括石油的重要作用，諸如「工業的血液」、「經濟的命脈」、「外交的武器」、「國防的保障」等，總之，石油能源堪稱是決定世界經濟的軟黃金。

　　現在美國很多商品都是從國外進口的，但這並不意味著美國經濟對石油的依賴程度已經降低。事實上，由於需要更多的能源來運輸進口商品，美國經濟比先前更容易受到油價的影響。雖然國外的石油消耗並不會直接影響到美國的 GDP，卻會影響到美國民眾所購買的任何商品，不管它是產自國內還是由國外進口。

　　比如說，1980 年在康乃狄克州紐哈芬黑文出售的一雙鞋，或許就是在附近哈特福德的工廠生產的。由於生產這雙鞋所需的石油是在國內消耗的，所以被直接計算在了美國的 GDP 中。然而，在今天，美國

民眾購買的這雙鞋或許是在中國生產的，所以生產過程中所消耗的石油並沒有計算在美國的 GDP 內。相反，其成本則藉由鞋的價格間接轉移到了美國的消費者身上。由此可見，石油的成本隱藏在了進口商品的價格之中。

由於鞋是在中國生產的，所以還需要經太平洋運到美國，而運輸過程中所消耗的石油和 1980 年相比早已不可同日而語。此外，這些運輸船只空返中國所需的成本也間接地轉移到了美國消費者身上。這些鞋運抵位於加利福尼亞的港口之後，還需要用卡車運到 3000 英里之外的東海岸。顯然，在美國國內運輸期間所消耗的石油——這當然是計算在美國 GDP 之內的——也遠非 1980 年相比，因為當時那些鞋的運輸距離還不足 100 英里。

日益增長的非能源密集型產業，尤其是金融服務業將確保整個經濟遠離高昂的能源成本，美國從沒有像現在這樣依賴石油。油價的高企最終將導致利率的提高，而利率的提高又將對美國經濟產生致命的影響。因此，我們絕不能忽視石油在一國經濟發展中起到的重要作用。

石油儲備被公認為是控制石油價格波動的主要手段，石油儲備在油價上漲時抑制，跌時緩解下跌壓力。石油儲備和商業庫存在國際石油市場這個大系統中處於調節總供需量的地位，其數量變化直接關係到世界石油市場進出口的變化。如今，石油儲備在國民經濟中仍有著極其重要的意義。

石油也是影響經濟周期的重要因素，1973 年和 1978 年的兩次石油危機，結束了西方世界經濟高速增長的時期。

1973 年第一次石油危機使美國經濟縮水 1/3，通貨膨脹率從 3.4%

上升到 12.2％，失業率從 4.9％上升到 8.5％；20 世紀 80 年代初的第二
次石油危機則使美、英的 GDP 負增長率分別為 0.2％和 2.4％。

在中國，由於前幾次石油危機爆發時經濟對外開放程度還不高，
因而影響不大。但隨著中國經濟與世界市場聯繫的日益緊密，中國對
石油的敏感度越來越高。以現在中國每天進口 200 萬桶石油計算，如
果國際油價每桶上漲 5 美元，那麼中國每天就要多支付 1000 萬美元，
這將直接導致國內生產總值（GDP）下降 0.4 ～ 0.5 個百分點，石油對
中國經濟的重要性已被提高到戰略高度。

20 世紀初英國稱霸正是得益於英國海軍在世界上率先使用石油取
代煤炭作為戰爭燃料。石油比煤炭更為高效、清潔，而且便於攜帶和
運輸，所以在 20 世紀初自英國開始，石油逐步取代煤炭，成為維持戰
爭機器運轉的最基本燃料。

隨著石油時代的到來，人類進入機械化戰爭時代。石油可以說是
最基本的軍事戰略物資。

機械化戰爭打的是鋼鐵，真正拚的卻是石油。有足夠的石油以保
證戰爭機器正常運轉是克敵制勝的前提條件，有時甚至是生死攸關的
問題。機械化時代的戰爭幾乎都是圍繞石油展開的。

在第一次世界大戰中，協約國依靠對殖民地石油資源的牢牢控
制，保證了戰爭機器有充足的石油供應，從而為最終取得戰爭的勝利
提供了堅實的物質基礎。當時的法國總理克里蒙梭感慨於石油之於戰
爭的重要性，說：「石油就像血液一樣重要。」

在第二次世界大戰中，石油成為決定戰爭勝敗最為重要的籌碼。
德國正是憑藉羅馬尼亞豐富的石油資源，以機械化的閃電速度奇襲歐

洲大陸。日本進攻東南亞，目的也是為了獲取戰爭的戰略資源——石油，到戰爭後期，德、日的石油供應幾乎告罄，飛機、坦克都因缺乏石油而幾近癱瘓，處於被動挨打的境地，並導致了軸心國集團的最後失敗，從某種程度上說，德、日因石油的匱乏而輸掉了戰爭。

石油是當今能源的主要組成部分，是決定世界經濟的軟黃金。因此，可以說控制了石油就控制了世界各國的經濟命脈。

石油戰爭逼近，做好準備應對危機

第一次世界大戰前，英國是石油資源的主要掠奪者，它控制了世界大片產油基地，成為世界石油霸主。在 1914 年 8 月之前的幾個月裡，英國突然陷入被認為是現代史上最血腥、破壞性最大的戰爭之中。英國的戰略目標不僅僅是擊垮其工業競爭的最大對手德國，還包括透過贏得戰爭獲得對寶貴資源的絕對控制。

一項對一次大戰主要戰場的研究表明，確保石油供應已經成為軍事計畫的核心。在整個戰爭過程中，石油為現代戰爭的驚人機動性開啟了大門。同樣，第二次世界大戰中，德國也始終將奪取石油資源作為其重要的戰略目標。石油不僅是德國人發動戰爭的目的，更是日本人發動戰爭的原因。在東亞，日本為了解決其日益加劇的石油危機，悍然發動了太平洋戰爭，侵佔了東南亞產油基地。

無論是戰爭時期還是和平，石油的重要性是舉世公認的。而如今石油日漸枯竭的事實，正在越來越清晰地凸顯出來。

2010 年 11 月 9 日，英國《衛報》報導稱，據國際能源署的兩名高級官員透露，為了避免引發外界對石油短缺問題的恐慌，美國正發揮其巨大影響力，鼓勵能源監控機構對石油供應量下降、面臨短缺的問題視而不見，並誇大找到新油田的機率。

　　其實，國際能源署 2005 年曾預測，到 2030 年，世界石油供應將達到頂峰，日產量高達 1.2 億桶，但他們隨後將這一數字降到 1.16 億桶，2008 年又降到 1.05 億桶。在業內人士看來，「1.2 億桶的日產量純屬胡說，即便是維持石油產量每天 9000 萬～ 9500 萬桶也是不可能的。他們是擔心一旦這些資料公佈，很可能會引發石油恐慌，進而影響到金融市場。美國擔心石油頂峰期結束，因為那將威脅到他們使用石油資源的權力。」

　　這個道理誰都明白，目前，不僅僅是美國，幾乎整個西方已開發國家對石油的消耗都在快速下降。

　　2010 年 6 月 9 日，英國石油巨頭 BP（British Petroleum）表示，2009 年世界石油日消費量減少 120 萬桶，為 1982 年以來最大降幅。經濟合作與發展組織國家的需求已降到 1995 年以來的最低水準，「幾乎所有需求增幅都來自中國、沙烏地阿拉伯和印度。」從全域來看，2009 年世界石油日產量下滑 200 萬桶或 2.6％，降幅超過日消費下降速度。

　　全球當前石油產量的 50％從 116 處大型油田開採，每一處每天的產量都已超過 10 萬桶。其中除了 4 處油田之外，其他所有的油田都是四分之一世紀之前發現的，許多油田都已顯露出產量下滑的跡象。在這些已經或即將枯竭的油田中，有一些是全球產量最大的油田，其中包括沙烏地阿拉伯的加瓦爾油田、墨西哥的坎塔雷利油田和科威特的布林甘油田——此 3 處巨型油田的產量加起來高達每天 820 萬桶，大約是全球總產量的 1/10。

　　世界已探明的石油儲量 70％在中東，而控制中東石油資源是美國

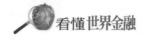

在中東的戰略利益和戰略目標。這就導致了中東經濟處於動盪之中。美國前副總統錢尼曾明確表示：誰控制了波斯灣石油的流量，誰就能對美國經濟，甚至對世界其他大多數國家的經濟擁有箝制力。未來學家托佛勒（Alvin Toffler）也曾說過，控制了中東地區的石油，美國就捏住了向其主要競爭對手供應石油的輸油管口。

蘊涵在經濟中的石油戰比蘊涵在軍事中的石油戰要含蓄得多，但這並不代表這場石油戰爭不會爆發，因此我們要做好應對石油危機的準備。

迄今為止石油危機已經發生過 3 次，它的開端始於 1973 年，也就是第四次中東戰爭爆發的時候。當時的阿拉伯產油國利用石油武器捍衛自己的主權，採取了減產、提價、禁運等一系列措施，造成了第一次石油危機。可以說這次石油爭鬥重新定義了世界經濟政治格局，一些國家為了自己在中東的石油利益，對美國的態度開始轉變。

就這樣中東豐厚的石油利益都被以美國為代表的資本主義國家所掠奪了。這次石油爭鬥使阿拉伯國家的經濟實力得到了很大提升。

石油戰爭離我們並不遙遠。如今，油價已經進入突破 8 元人民幣的時代了，但是，油價波動是客觀存在的，我們只要對過高的油價進行高度重視，嚴加防範，各個國際組織和國家建立起石油儲備體系，新一輪的石油危機是可以避免的。

石油大棋局，伊朗是下一個目標

2012 年 6 月，伊朗已經與美國、英國、中國、俄國、法國、德國就核計畫完成兩輪對話，雙方決定 6 月 18 ～ 19 日，將在俄羅斯舉行第二輪對話，美國財政部副部長大衛·麥考密克表示如果此次會談再無突破，將繼續對伊朗實施制裁。其實，伊朗早已成為美國的彈靶。伊朗是美國的下一個目標，這是大家都知曉的。

美國和伊朗之間的矛盾基本上是不可能根除的。從伊朗方面來講，1979 年建立了政教合一的國家，在價值觀、信仰等方面與美國存在著根本的無法調和的矛盾。從美國方面來看，美國如果想打開從亞塞拜然遏制俄羅斯的通道，就必須解決伊朗問題，況且伊朗擁有豐富的石油、天然氣。親美的巴勒維政權被推翻和美國駐伊朗大使館人質事件之後，美國與伊朗之間的仇恨日益加深，並隨著時間的推移更加根深蒂固。

事實上美國早已做好了打擊伊朗的準備了。2010 年 4 月 12 日俄羅斯武裝力量總參謀長馬卡羅夫大將在莫斯科舉行的新聞發表會上宣佈，俄聯邦武裝力量總參謀部掌握有美國和以色列作為極端措施準備轟炸伊朗的計畫。馬卡羅夫說：「轟炸是極端措施，無論是美國，還是以色列的計畫中都有，但任何人都無權准許轟炸。對地區和國際安

全來說，轟炸可能會產生災難性的後果。」一定是有了確切的消息，馬卡羅夫大將才會這樣說。

美國人也公開承認了攻打伊朗的計畫。2010 年 8 月 1 日晚，美軍參謀長聯席會議主席馬倫參加了美國全國廣播公司電視訪談類節目《會見媒體》。當被問及美軍是否有襲擊伊朗的計畫時，馬倫明確地回答說：「是的，我們有此計畫。」他表示：美國不能容忍伊朗擁有核武器。但他希望最好能不用戰爭的方式解決，因為戰爭會影響世界的安全與穩定，很有可能會帶來無法預料的後果。美軍參謀長聯席會議主席是美國總統和國防部長的首席軍事顧問，是全美軍職位最高的現役將領，他的表態或許意味著美國對待伊朗的態度發生了微妙變化。在此之前，美國官方從未公開承認已經制訂了襲擊伊朗的計畫，僅表示「我們正在考慮各種可能的選擇」。

我們來看看美國為攻打伊朗都做了哪些準備：

1. 調整石油進口結構

美國攻打伊朗，首要解決的問題，就是自保。比如如何確保自己因中東局勢緊張所導致的石油供應不受影響。來看一組數據：

美國能源資訊署（EIA）2010 年 2 月 25 日公佈的資料顯示：2009 年美國十大原油進口來源國如下：加拿大（198.4 萬桶／天）、墨西哥（95.1 萬桶／天）、奈及利亞（94.8 萬桶／天）、沙烏地阿拉伯（83.7 萬桶／天）、委內瑞拉（80.9 萬桶／天）、伊拉克（45.8 萬桶／天）、安哥拉（40.8 萬桶／天）、巴西（26.1 萬桶／天）、阿爾及利亞（21.9 萬桶／天）、哥倫比亞（21.6 萬桶／天）。

由此可見，美國一方面增加從鄰國的石油進口，另一方面大幅減少從波斯灣國家進口石油。美國的原油進口實現了多元化，而且就近進口原油的趨勢空前明顯。這說明美國人早已開始調整石油進口結構。

2. 大力發展生質燃油

美國現在每年大約進口 40 億桶石油，一旦找不到進口管道，那麼美國將面臨著嚴重的石油危機。所以，美國國會 2008 年 5 月通過一項包括加速開發生物能源的法案，要求 10 年後把從石油中提煉出來的燃油的消費量減少 20%，用生質燃油代替。

生質燃油，尤其第一代生質燃油（是指從玉米、大豆中提取的），需要耗費巨大數量的糧食。2009 年，美國多達 1.7 億噸的糧食被用於提煉乙醇作為汽車燃料。按全球人均糧食消費水準計算，美國 2009 年用於乙醇生產的糧食量相當於 3.3 億人全年的糧食消費總量，超過了美國糧食年產量的 1/40。目前，美國擁有 400 家乙醇提煉廠，糧食消耗量從 2004 年至今已增加 3 倍。

這足以說明美國在盡全力減少自己對石油的依賴。

3. 摧毀伊朗地下核設施的必備武器——鑽地炸彈

美國攻打伊朗最為堅定的藉口就是容忍不了伊朗有核武器，那麼，一旦戰爭爆發，美國必定想方設法摧毀伊朗的核武器。而伊朗的核設施都建在山區的大量坑道內，建構了堅固的地下掩體。所以，要摧毀伊朗的地下核設施，就必須有鑽地炸彈。

美國常規鑽地炸彈主要有兩大系列，分別為 B1U（無制導）與

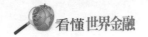

GBU 系列（雷射制導，穿透力更強）。在經過南聯盟轟炸、伊拉克戰爭之後美國又研製穿透力更強的鑽地核彈，在新型鑽地核彈計畫遭國會否決後，五角大廈推出了一種常規彈藥原子彈——採用常規彈藥，卻擁有近似於 700 噸當量核彈威力。這種超級炸彈在地下引爆後，將能產生 3050 公尺高的粉塵，類似於核彈爆炸時產生的蕈狀雲。英國媒體曾評論說，這種炸彈估計是用來打擊伊朗地下核設施的。

2007 年 3 月，美國在新墨西哥州成功引爆了一枚名為「掩體破壞者」的巨型鑽地彈（代號 GBU-57）。該款巨型鑽地彈的彈殼使用改良的合金鋼以增加鑽地爆炸效果，這種鑽地彈可穿透厚度達 60 公尺的鋼筋混凝土建築物。這樣的威力足以將伊朗地下的核武器摧毀。

2010 年 3 月中旬，蘇格蘭《星期日先驅報》發表的一則報導震驚了世界：美軍已將 387 枚智能炸彈秘密運往其位於印度洋的迪戈加兩西基地，這些炸彈的目標很可能是伊朗的地下核設施。美國已做好在數小時內摧毀 1 萬個伊朗目標的準備。

美國從調整石油進口結構到大力發展生質燃油，再到研發鑽地炸彈，都足以證明伊朗早已成為美國的彈靶，伊朗是美國的首要目標，美國已經做好了攻打伊朗的準備。

中東北非石油，牽動誰的神經

　　是石油拯救了全世界，但在未來，或許石油會毀滅全世界。石油促進了社會的發展，但也造成了世界強權與地緣政治的錯綜糾結。現在全世界正在面臨新的石油恐慌，石油消費大國之間的衝突不可避免。

　　經濟全球化的今天，哪個國家都擋不住席捲全球的經濟危機的干擾，從華爾街迸發出的火焰最終也燒到了中東和北非。一時間石油價格大跌，但隨著各國經濟的升溫，石油價格也跟著步步高漲。

　　華爾街危機的餘溫首先燒到了北非石油國利比亞，引發了一場政治動亂。很多國家緊盯利比亞的石油，但令人不解的是，首先對利比亞出擊的不是美國，而是法國。覬覦中東北非石油，首先想到的就是美國，一提到掠奪資源，美國肯定是老大。不管是在以阿衝突中幫以色列，還是伊朗民用核能研究問題上以武力相威脅，其目的都很明顯。而這次美國沒有首先出擊，美國到底在想什麼呢？依這種局勢來看，中東北非石油到底牽動著誰的神經？

　　2008 年 1 月 16 日，英法美俄中五個安理會常任理事國以及德國在討論：是否要將伊朗問題提交到安理會解決。而會議前一天，伊朗經濟部長威脅說，如果美國等國對伊朗實施經濟制裁，他們就會讓全球

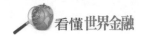

石油價格上漲。伊朗真的能讓國際石油價格上漲嗎？伊朗是世界第四大原油出口國，也是石油輸出國組織內的第二大原油出口國，由此可見，伊朗經濟部長這樣說是有根據的。伊朗態度如此強硬，各國會讓步嗎？身為石油進口大國的歐洲國家對伊朗的威脅心有忌憚，不願輕言對伊朗實施經濟制裁，但美國不會，美國民主黨和共和黨的參議員表示美國不會退讓。

石油是中東北非國家的有力武器，哪個國家若不支持它，它就會讓石油漲價。二次世界大戰結束以後，全球經歷了三次石油危機，每一次危機，石油價格都會迅猛上升。一旦石油價格上漲，西方國家以及日本的工業生產就會呈明顯下降趨勢，整個世界經濟就會進入全面衰退時期。

中東北非石油牽動著世界眾多國家的神經。透過三次石油危機，很多國家都明白了一個深刻的道理：要想在石油獲取這個問題上不受損害並享有利益，就必須處理好與中東北非各國之間的關係。比如，在以巴衝突中，要站在阿拉伯國家以及信奉伊斯蘭教的國家這邊，要和信仰猶太教的以色列保持距離。

就拿日本來說，雖然日本屬親美國家，經常跟著美國走，但在以巴問題上它是不敢輕舉妄動的。如果日本想讓22個「阿拉伯國家聯盟」幫助自己成為安理會常任理事國，它就不得不停止支持以色列，轉而改善和巴勒斯坦及各個阿拉伯國家和信仰伊斯蘭教的國家的關係。

在 2011 年，中東和北非各國局勢相繼出現動盪之時，歐盟的神經被牽得最緊。中東北非因政治原因引起的動盪，導致了國際原油價格迅速上升，這使陷入主權債務危機的歐盟雪上加霜。在利比亞每日出

產的 160 萬桶原油中，有 150 萬桶是出口到歐洲的。歐洲著名金融資訊服務公司馬基特於 2011 年 2 月 21 日公佈的資料顯示，2 月份，歐元區企業能源和原材料的成本飛快上升，達到 14 年來的最高紀錄。這對歐元區經濟的發展影響很大。

最近幾年，中東北非的石油為什麼難以牽動美國的神經了呢？這是因為，美國對中東石油的需求只占到總需求的 19％左右。美國的主要石油進口地已經變成了北美自由貿易區和南美洲。2010 年，加拿大和墨西哥兩國為美國提供的石油量占其總進口量的 35.28％，中東北非已經不再是美國的「油庫」，美國對中東北非的石油依賴性大大降低了。

相信大家讀到此處就都明白了為什麼在利比亞出事時第一個出手干涉的國家是法國而不是美國了。法國《費加洛報》社論認為，法國第一個站出來，在動員國際社會上發揮了重要作用，這就保證了法國在中東北非地區的利益。

在利比亞內戰之後，國際石油價格暴漲。一些人士認為可能會出現第四次石油危機。而一旦出現第四次石油危機，很多國家將難以保全，包括前三次石油危機中未受影響的中國。之前，中國的石油需求量小，能夠自給自足，但如今中國已成為石油消費大國，而且中國的石油儲備很少。

為了帶動經濟，中國大力鼓勵汽車業的發展，由於石油儲量非常有限，這成為中國石油安全的一大隱患！中國把自己綁在了汽車上，一旦處理不好石油問題，經濟就要面臨莫大危險。由此可見，中東北非石油也緊緊牽動著中國經濟的神經。

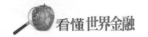

油價漲跌，誰主沉浮

　　「如果你控制了石油，你就控制了整個國家或國家集團。」毫無疑問，在今天的能源鏈中，石油是最為關鍵的一環。石油不僅是目前人類社會維持運轉的主要燃料，而且原油價格也在很大程度上牽動著其他能源的價格。石油甚至可以改變一個國家的命運。石油讓阿拉伯聯合大公國在短短的幾十年裡，從原始的遊牧文明一躍成為人均GDP排名世界前 20 的已開發國家；靠著石油，俄羅斯的經濟從蘇聯解體的打擊中恢復了過來。

　　1998 年，國際石油價格處於低谷，在 10 美元一線徘徊。其時，美國石油巨頭雪佛龍安慰他的投資人說「別怕，只要油價高過 10 美元，就有得賺。」即使最有想像力的人，彼時也難以想像，僅僅在 10 年後，國際油價居然從 1998 年的 10 美元漲到 2008 年最高時的 147 美元，漲幅會高達 13.7 倍。之後又在 2008 年年底迅速回落到 40 美元／桶，如今又超過了 100 美元／桶。國際油價大起大落，誰是幕後推手？

　　以往，提起國際原油市場，就會想到著名的托拉斯 -- 石油輸出國組織（OPEC）。根據經濟學原理，由於壟斷了全世界 60％ 以上的石油供給，石油輸出國組織可以透過增產和減產輕而易舉地控制國際油價。事實上，在進入 21 世紀以前，石油輸出國組織也的確發揮了這樣的作

用。但是隨著國際期貨市場的不斷發展，我們驚奇地發現，石油輸出國組織對國際油價的影響力已經越來越有限，今天的國際原油價格已經不再由傳統的供求關係決定。

世界上主要有三大原油期貨交易所：紐約商品交易所、倫敦洲際期貨交易所和杜拜商品交易所。其中，紐約商品交易所形成的西德克薩斯中質原油期貨指數和倫敦洲際期貨交易所形成的北海布倫特原油的期貨指數決定著全球原油的現貨價格，而杜拜商品交易所的阿曼原油期貨指數更多地跟隨上述兩個指數發生變動。

布倫特原油期貨價格已成為全球原油現貨市場和遠期原油合約最主要的定價依據。布倫特原油期貨價格由一家私人原油行業刊物普氏能源資訊發佈。布倫特原油價格被主要原油生產國採用，包括俄羅斯和奈及利亞，與此同時，歐洲和亞洲的原油交易也參照布倫特原油價格進行。西德克薩斯中質原油期貨價格歷史上主要作為美國原油現貨交易的基準價格，同時也對成品油價格發揮著決定作用。

原油期貨定價機制貌似正規和完善，其實存在著嚴重的漏洞。由於監管不力，由幾大投行控制的巨額投機資本湧入了原油市場。事實上，國際油價的控制權已經從石油輸出國組織轉移到了華爾街。

我們都知道，原油的價格一直是以美元為計價單位，美元的升值貶值與國際油價直接掛鉤，而由於在外匯市場上的地位，美元的走勢在很大程度上又是由華爾街投行左右的。因此，從現代期貨市場建立以來，華爾街一直對油價有著很強的話語權，不過華爾街徹底取得國際原油定價權更為重要的原因是美國政府在金融監管上的嚴重失誤。

隨著石油期貨市場的建立和發展，石油利益集團已從傳統的石油

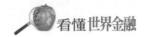

開採、加工煉製企業擴大到從事石油衍生投機交易的投資銀行。正是
看中了石油的巨大利益，越來越多有實力的機構加入到石油行業中來。
而且新進入的這些利益集團，已經不再從事比較費力的石油開發和煉
油工作，而是直接進入石油期貨市場炒作石油期貨。在石油金融市場
上賺錢比石油開採和煉油更加容易，更加刺激。他們透過各種方式，
包括透過代理人操縱國家機器控制主要石油產地、在熱點地區製造緊
張局勢、聯手進行石油衍生交易投機等手段，控制世界石油資源和操
縱石油價格。在他們的推波助瀾下，國際石油價格大起大落，劇烈波
動。美國著名的投資銀行和商業銀行：高盛、花旗、摩根士丹利、摩
根大通已經成為世界石油期貨的四大玩家，它們利用在金融市場的話
語權，引導市場預期，從中牟取暴利。

根據業內人士透露，摩根大通、高盛集團、巴克萊銀行及摩根士
丹利控制了石油商品掉期交易頭寸的約 70%。這些投行進入掉期市
場，透過與航空公司及對沖基金進行掉期交易，從油價波動中獲取暴
利，以彌補期貨市場的損失。這些大型金融機構正是 2008 年國際原油
價格劇烈波動的主要推手。

以高盛為代表的華爾街的能源炒家憑藉著對選舉資金的解囊相助
遊說美國國會，他們的政客包括「安然先生」前參議員格拉姆。格拉
姆在 2000 年引入了《商品期貨現代化法》，這部法案也被稱為《安然
法》，因為它放寬了對金融部門的管制，使得安然當時操縱美國能源
期貨市場的行為變得合法化。在格拉姆和他的華盛頓同黨的幫助下，
華爾街，特別是高盛、花旗、摩根大通從操控國際油價中撈到了巨大
好處。他們甚至得以讓洲際交易所設於倫敦的子公司倫敦國際石油交

易所在交易西德克薩斯州中質原油時免於向日用品期貨貿易委員會做
任何申報。

從 2000 年開始，不論在能源交易，還是金、銀等其他大宗商品
的交易上，美國都不再對期貨的持有人、持倉量、保證金數量、期權
持有量、未平倉合約等資訊進行披露，而這些資訊的披露對於建構一
個透明、公正的期貨市場至關重要。2006 年，日用品期貨貿易委員會
做出了另一項補充性的決策，移除了對石油期貨定價剩餘的控制，這
導致了今天石油現貨價格的大幅攀升。實際上，當時能源期貨交易市
場在場外交易的虛擬石油已經和由供求關係決定的在現貨市場上交易
的真實石油脫離了關係。曾經被倫敦能源交易的內部人士告知，全球
最通用商品指數——高盛商品指數的發佈者高盛公司以及兩三家像
花旗、摩根大通和摩根士丹利這樣的銀行聯合石油巨頭英國石油公司
（BP）操縱著世界石油價格。

華爾街不僅是全球金融中心，目前也是全球石油期貨交易的中心，
全球石油價格是漲還是跌，不僅與供給和需求有關，更要看華爾街的
眼色。隨著石油期貨的出現和發展，石油與金融已經緊緊地聯繫在了
一起。眾多金融投資機構的進入，使國際原油期貨市場的操作日趨金
融化，石油衍生品的交易量已經脫離了實物供給量與需求量，而且在
其價格波動的背後，活躍著大量國際金融資本，這些國際金融資本很
大程度上決定著國際石油市場的走勢。

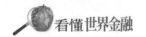

中國參與國際石油貿易處處是挑戰

　　過高的石油價格對石油進口國經濟造成的負面影響是巨大的，因此石油價格的穩定對於經濟的平穩運行具有重要意義。石油是一種不可再生的稀缺資源，是關係國計民生的重要戰略物資。

　　西方學者曾測算，1973 ～ 1974 年的石油危機使世界油價從每桶 3 美元上升到 12 美元，使美國 GDP 下降 4.7％，歐洲 GDP 下降 2.5％，日本ＧＤＰ下降 7％。國際貨幣基金組織有關報告指出：每桶原油價格每上漲 5 美元，將使全球經濟增長率下降約 0.3 個百分點。歐盟委員會測算：如果油價每桶上漲 10 美元，則兩年內歐元區經濟增長率將減少 0.75 個百分點，通貨膨脹率則增加 0.6 個百分點。美國經濟專家估計：國際油價每提高 1 倍，美國國內的 GDP 就會下降 2.5％左右；每桶石油價格上升 10 美元，每年將給美國經濟造成 500 億美元的損失，經濟增長率將減少約 0.5％。

　　近年來，隨著中國經濟的高速發展，石油需求量不斷增加，由於石油資源有限，中國的石油供需矛盾日益嚴峻。面對著石油進口量逐年攀升的局面，中國石油對外貿易問題凸現。

　　第一，參與國際石油貿易主體需要進一步多元化，貿易公司競爭力亟待提升。一方面，中國市場經濟體制的完善和國際化程度的提高

需要逐漸打破國有貿易一統的局面，允許更多有資質的企業參與進來。另一方面，從事原油、成品油貿易的企業受體制與人才的制約，目前還只能以保障國內石油供應為其主要使命，全球石油貿易業務還不足以成為公司具有核心競爭力的業務，也無法與國際大石油公司展開全面競爭。

第二，石油進口只能被動接受以美國和歐洲為主導的石油供需形成的價格，國際價格形成過程中沒有客觀、合理地反映中國石油的供需變化。雖然中國石油貿易量增長迅速並逐漸成為國際石油貿易中的重要部分，但這一因素在基準原油價格中並沒有得到完全的體現。中國需求因素常常被錯誤的預期所誇大，在一定程度上推高了國際石油價格，而中國只能被動地接受國際石油價格。

第三，適應多元化貿易方式的體制和機制還未完全建立起來，風險管理遠遠不能適應複雜多變的國際石油交易機制。一方面，在目前形勢下對企業從事國際石油交易難以進行有效的監管，只能對企業參與國際石油衍生品交易實施限制；另一方面參與石油貿易活動的石油公司靈活運用衍生產品進行交易的機制也沒有建立起來。這兩方面的原因導致企業只能被動地接受價格風險而無法主動、有效管理風險。

第四，參與多邊國際能源合作機制的框架還不足以保障中國石油貿易的安全。國際能源合作機制中，石油是核心。中國有重點地參加了一些多邊能源合作機制，但礙於時間、制度、政治等因素的制約，目前還未完全建立起穩定、有效的能源合作框架，影響了安全、穩定、可靠的石油貿易戰略的實施。

因此，對國際石油貿易形勢的客觀分析對於中國加快和完善石油

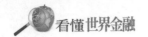

市場的建設和提高國際市場上石油貿易中的競爭力，就顯得尤為重要。
當前中國在國際石油貿易中主要面臨著以下兩方面的挑戰。

　　一方面，從本國經濟的發展趨勢來看，完善國內石油市場體系，
提高中國在國際石油定價中的話語權是中國參與國際石油貿易的戰略
選擇。

　　改革開放以來，中國經濟在全球化的浪潮中高速發展，取得了舉
世矚目的成就。隨著經濟的發展，中國對能源的需求也快速增長，尤
其是對最具戰略意義的石油能源需求更是如此。自 1993 年中國成為石
油淨進口國，到 2002 年取代日本成為世界上第二大石油進口國和消費
國，中國的石油進口量逐年增加。2006 年中國的石油需求消費量高達
3.49 億噸，占世界石油總消費量的 9.0%。然而，2006 年國內石油生產
量僅為 1.84 億噸，占世界石油總供應量的 4.7%，因而不得不在國際油
價飆升的情況下進口 1.65 億噸原因，致使海外依存度升至 47.2%。由
此可知，能源安全問題已經成為威脅中國經濟安全和產業安全的主要
問題，中國石油對外貿易問題已不可忽視。能否保障石油供給的安全
性、穩定性已成為中國貿易政策亟待解決的問題。

　　另一方面，從國際形勢來看，中國和其他國家的石油資源競爭日
益加劇。隨著中國經濟的逐漸發展，國內對原油的需求不斷增加。但
由於資源的有限性，國家之間的石油博弈在所難免。中國作為世界第
二大石油消費國，與其他國家的石油貿易摩擦愈演愈烈。

　　日本在全世界與中國爭奪油源。東海石油勘探之爭、俄石油管道
之爭將中日兩國能源之爭暴露得淋漓盡致。日本作為世界經濟強國之
一，在能源資源上卻是一貧如洗，主要能源產品（石油、煤炭、天然氣）

幾乎全部依賴進口，這種對石油進口的過度依賴造成了日本能源結構的嚴重缺陷。近年來隨著中國經濟的發展，中國對石油的需求不斷加強。進口油氣資源的同源性（從中東和蘇聯進口比例都較大）、能源對外依存度的相像性（原油對外依存度都較大），再加上地緣政治經濟的相關性，使得中日兩國在國際石油市場上的競爭日益激烈。

中美在石油領域成為戰略競爭對手關係。作為世界石油消費的頭兩號國家，中美必然會在石油資源領域展開競爭。表面上，中美之間的利益交叉點促使中美達成建設性合作夥伴關係，美國也支持中國對石油定價權的要求，但是中國與美國石油進口來源地高度交叉重疊。近幾年來，美國不惜使用武力控制世界石油資源富集地區並左右石油價格。中國也在加緊建立石油戰略儲備，加強與石油出口國的合作，增加石油進口來源。這種情況下，摩擦不可避免。

中印爭油愈演愈烈。印度作為高速發展的新興工業化國家之一，其石油消費潛力巨大，而目前印度的石油產量嚴重不足，70％的石油需要依靠進口。為了保障未來的石油供應安全，印度一方面大力加強海外原油勘探開發的投資力度，另一方面積極推行原油進口來源多元化。面對油氣供需的嚴峻形勢，中印兩國的原油競爭日益激烈，並且有不斷升級之勢。中俄供需互補，夾雜摩擦。

俄羅斯是世界油氣資源生產大國。自從蘇聯解體後，俄羅斯一直奉行著石油外交策略：繼續穩定傳統的歐洲市場，並保持自己的競爭力；大力開闢非歐洲市場，利用地緣政治優勢擴展油氣管網；在外交上經常表現為由平衡外交導致的多變性。最近一個時期，備受世人關注的中俄安大輸油管線項目因日本的介入而遭擱淺就是力證。基於此，

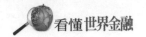

雖然中俄存在互補關係，但關係十分複雜，中間夾帶摩擦。

　　總之，中國經濟增長勢必帶動石油需求的增加。其他各國為謀求發展也需要石油資源的支撐。石油資源的有限性使得這種競爭更加激烈。

第十章 讀懂糧食危機

俗話說「民以食為天」，糧食問題從來不是一個單純的經濟問題，它更是一個重大的戰略問題。

糧食危機，一場由利益分配和再分配導致的危機。這是一個由少數人策劃的陰謀，他們正在圖謀控制全世界的糧食供給，控制世界大多數人生存的物質基礎，從而控制世界大多數人的生存狀態與生存空間，讓全世界的人們成為他們獵食的對象，成為他們永遠的奴隸。

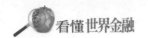

高需求高糧價時代，美國發了

　　聯合國糧農組織曾預測說，到 2050 年世界糧食產量必須增加 70%，才能滿足屆時可能高達 91 億人口的需求。而根據美國農業部的報告，2009 ～ 2010 年度世界穀物產量預計比上年度下降 1.52%至 21.97 億噸，需求量較上年度提高 1.73%達到 21.84 億噸，當年穀物產量僅略比需求量高 0.59%，而 2008 ～ 2009 年度產量比需求量高 3．9%。

　　緊迫的需求必然造成價格攀升，未來糧價上漲的趨勢已成定局。2007 年 11 月，英國媒體報導了這樣一則消息：世界糧食庫儲存的糧食，只夠全世界的人吃 57 天。57 天，一個說長不長、說短不短的時間，卻足以將地球上很多國家的國民帶入恐慌中。可以想像一下如果我們不能隨心所欲地吃米飯了，甚至連米粥都難得喝上一碗，這將會是怎樣的一種生活狀態？

　　糧食緊缺導致糧價不斷上漲。近來，一些西方政客和學者熱衷於將世界糧食危機歸咎於中國，稱這場危機的主要原因是中國人消費的牛肉越來越多，而生產牛肉需要消耗更多的糧食；更有甚者，將「成百萬中國人、印度人和非洲人生活水準提高」作為糧食價格上漲的重要原因，這簡直可笑。

　　西方國家說中國吃光了世界的糧食沒有任何依據和道理。2008 年

7月，胡錦濤主席發表言論：西方國家不應該把全球糧價上漲歸咎於開發中國家，這是沒有依據的。中國人再能吃，也不會吃光整個世界的糧食。中國國家發改委的資料顯示，目前中國國內糧食除大豆需要進口外，小麥、稻穀、玉米三大品種的糧食都能夠自給自足，甚至還有富餘，從總體來說，產需基本平衡。

　　一提到糧食緊缺，很多人都會想到洪水、乾旱、土地沙漠化這些自然災害。現代科學技術再發達，也不能完全改變天氣變化對耕地的影響。一場洪水過後，大片的耕地不能生產糧食了。這就直接導致糧食的產量減少。

　　雖然這些自然災害的毀滅性比較大，但不會年年發生，並不是影響糧價持續上漲的根本原因。有專家認為，低儲備和高消耗的碰撞，是導致糧食緊缺和糧價上漲的元兇。二次世界大戰以後，全球糧食產量不斷增長，與此同時，全球人口也在持續增長，而且人均糧食消耗量非常大。據統計，在過去四十多年裡，世界糧食消耗的增幅達149％。

　　生質燃料政策也是糧食緊缺的禍首。德國國際糧食政策研究所專家威斯曼在接受《環球時報》記者採訪時說，對於糧食問題，美國和歐盟等已開發國家有不可推卸的責任，它們為了追求短期利益，竟然將糧食製作成為汽車的生質燃料。生質燃料，具體來說，就是以玉米、大豆等糧食為材料製成的可以替代汽油或柴油的燃料。很大一部分糧食用在製作生質燃料上，自然就不夠吃了。但是對於生質燃料引起糧食緊缺這個問題，已開發國家則不以為然。

　　糧價上漲的原因是多種多樣的，除了上面提到的，還有油價上漲、

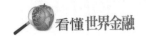

農業生產成本增加、出口限制等都是糧價上漲的原因，所以，不管是糧食出口國還是糧食進口國，最重要的就是應該好好研究一下如何讓本國糧食增收。

面對糧食價格上漲，受威脅感最嚴重的是撒哈拉以南非洲國家。長期以來，由於農業生產水準低下，2億左右的非洲貧民都要依靠糧食進口。而這些糧食的來源國多是美國、澳大利亞、巴西。

當很多國家對糧食緊缺、糧價上漲感到恐慌時，美國不但沒有擔憂，反而暗自慶幸。因為美國是世界上最大的糧食出口國，糧食年出口量占全球出口總量的35％左右，其中小麥的出口比例更是高達60％。也就是說美國能從糧食漲價熱潮中獲得很大益處。

從20世紀90年代起，美國就開始推行鼓勵糧食出口的政策，並對糧食生產給予各種補貼。這些補貼使得美國出口的糧食價格大大低於糧食的實際價值，這種政策使美國在與其他國家的糧食出口競爭中獲勝，很多也國家因此停止出口，這樣，美國的糧食出口量就更大了。再加上美元的自我貶值，又增加了其出口優勢。

美國能在世界大戰中發戰爭財，就憑這一點，我們不得不承認美國是一個投機高手。既然如此，那麼美國又怎會放棄在糧食危機中發饑荒財呢？

糧食危機：已開發國家將矛頭直指開發中國家

俗話說「民以食為天」，糧食是維繫人類生存的最低需求，然而，從 2007 年開始，全球糧食儲量降到近 20 年的最低點，小麥、糙米、大豆和玉米期貨都處於多年來最高點。

海地因食品價格飆升引發騷亂，至 2008 年 4 月 7 日已有 5 人在騷亂中死亡。全球飆升的食品價格，導致布吉納法索、喀麥隆、埃及、印尼、象牙海岸、茅利塔尼亞、莫三比克和塞內加爾都先後發生騷亂或暴亂。糧食問題已經成為全球性的問題，它向人類發出了警告。

2008 年 4 月 22 日，聯合國世界糧食署執行幹事希蘭在英國舉行的糧食峰會上指出，全球正在遭遇第二次世界大戰以來首次大範圍糧食危機。希蘭將這場危機稱為「寂靜的海嘯」，她表示目前我們正在經歷著世界上最具有破壞性的自然災害之一。

國際貨幣基金組織總裁卡恩表示，世界範圍內的食品價格上漲如同金融危機一樣，已經成為世界經濟發展的一個重要問題。這是國際社會首次將糧食危機與金融危機擺在同一個位置上。

季辛吉說過：「如果你控制了石油，你就控制了所有的國家；如果你控制了糧食，你就控制了所有的人。」

糧食危機爆發後，一些已開發國家紛紛將矛頭指向開發中國家，

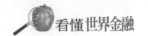

認為開發中國家是誘發糧食危機的罪魁禍首。

美國前總統布希甚至把目前的全球糧食危機歸咎於印度等發展中大國的糧食需求增長。

糧食危機是否如布希所說由印度等開發中國家的糧食需求增長所引起的呢？而已開發國家在糧食危機中到底扮演了什麼樣的角色呢？

美國和歐盟等發達經濟體對農業的大量補貼，一直是世界農業和糧食問題的主要癥結之一。從 2002 年美國通過的為期 5 年的農業法案來看，美國每年對農業的補貼高達數百億美元。歐盟也不例外。在世界貿易組織杜哈回合談判中，美國和歐盟等發達經濟體堅持高額農業補貼政策，與開發中國家唱起對臺戲，導致杜哈回合談判陷入僵局。

已開發國家的高額農業補貼對開發中國家的農業生產形成巨大衝擊，惡化了他們的貿易條件，甚至使貧窮的農業國家越來越窮困。

以亞洲為例，亞洲國家曾盛產大豆、花生、葵花籽等油料作物，而自 1995 年以來，美國農場主靠政府巨額補貼廉價出口大豆，如此一來，國際市場大豆價格持續走低，這令亞洲豆農苦不堪言。這種不公平競爭的結果是，亞洲大豆生產逐步萎縮，一些大豆出口國變成了進口國。全球大豆的生產中心也由亞洲地區轉移到了以美國、巴西和阿根廷為主的美洲地區。

非洲聯盟委員會主席科納雷曾指出，「已開發國家對農業的補貼是發展的障礙，它削弱我們的經濟，讓我們的農民變得越來越窮。」他說，農業是帶領非洲走出貧困的唯一途徑，現在卻遭受已開發國家產品入侵的毀滅。

世貿組織總幹事拉米在談及目前的糧食危機時也承認，已開發國

家的農業補貼扭曲了農產品貿易，破壞了開發中國家的糧食生產。

農業權威專家指出，此次糧食危機從醞釀、發展到凸顯這幾個階段，無不與已開發國家密切相關，已開發國家特別是歐美國家應該對此承擔主要責任。

危機爆發前，已開發國家長期實行的農業補貼政策導致國際農產品市場價格嚴重扭曲，極大衝擊了開發中國家農產品市場，影響了農民的生產積極性，對全球糧食庫存造成持續的負面影響。

田納西大學農業政策分析中心的資料顯示，美國對商品化農產品的補貼，1998 年以後，一直穩定在每年 200 億美元的規模上，其中80％流入到農民和農作公司手中。但分配結構極不均衡，最大的 1％的農場，2003 年平均得到了 21.4 萬美元的補貼，最大的 20％的農場，平均得到近 1 萬美元的補貼。但多數中小農場補貼甚少，甚至沒有任何補貼。

補貼狀況的迥異，使得美國農場出現了明顯的兩極分化。小規模家庭農場幾乎悉數被逐出商品化農產品的種植領域。另一個結果是，農民的農場收入不僅沒有上升，反而有所下降。

2008 年 5 月 30 日，拉美經濟體系常任秘書何塞－里韋拉在接受新華社記者採訪時說，一些已開發國家的農業補貼政策極大影響了開發中國家發展農業的積極性，是導致糧食價格高漲的重要原因之一。

此外，已開發國家的農業資本化對開發中國家造成的衝擊也不容小覷。最近幾十年，歐美等已開發國家農業資本化程度不斷加深，逐漸形成強大且集中的糧食集團和聯合體。

一方面，這些集團壟斷全球糧食生產投入環節，使種子、化肥、

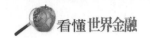

農藥、機械等生產性投入逐步集中，美國孟山都公司和陶氏公司等大企業掌握著全球使用最廣泛的種子、化肥和除草劑等產品的專利權，這讓開發中國家的小規模生產者買不起生產原料，嚴重制約了農業生產。

另一方面，這些集團致力於推動農產品貿易自由化，使得多數在資金和技術上不佔優勢的開發中國家被迫讓出國內農產品市場，導致當地的農業生產停滯不前。

在探索糧食危機爆發的原因中，2008 年 6 月 18 日，《國際先驅導報》(International Herald Leader) 發表了一篇《專家稱美國依靠糧食危機控制開發中國家經濟》的文章，該文章寫道：「今年世界糧食危機，成因已近乎教科書式語言：開發中國家需求量增大、氣候變化與生物能源搶佔耕地造成產量減少、資本投機與美元貶值使糧價居高不下。但實際上，一整套『陽謀』被國際輿論忽略了。」

「糧食危機背後的政治背景，比能源危機更為深刻。」國務院發展研究中心國際技術與經濟研究所博士藤飛向《環球財經》雜誌表示。

由此可以看出，糧食危機是一場人為的危機，是一場由利益分配和再分配導致的危機。世界銀行總裁佐立克（Robert Zoellick）說：「『經濟創造財富，政治分配財富』這一基本要義詮釋了這場危機的實質：這是一個政治問題，是由已開發國家操控的政治問題。」

此次糧荒短期因素和長期因素相交織，表層原因和深層結構性因素相混雜，把危機的原因僅僅歸咎於少數幾個國家的消費量變化未免有失偏頗。真正理性的態度應當是對威脅全球糧食安全的深層根源進行反思，並提出富有建設性的解決方案。抑制糧價上漲對全球經濟穩

定發展所帶來的衝擊，已成為國際社會刻不容緩的任務，所有國際社會成員特別是已開發國家必須主動承擔起應有的責任，推諉和轉嫁責任無益於問題的解決。

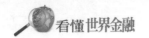
警惕美國的「糧食武器」

糧食成為主導世界格局最有效的武器之一，製造糧荒具有更廣泛的殺傷力和影響力，是任何武器都無法比擬的。美國前國務卿亨利·季辛吉，就把糧食、石油、地緣政治作為外交政策的核心。

美國農業部前部長約翰·布洛克說過：「糧食是一件武器，用法就是把各國繫在我們身上，他們就不會搗亂。」20 世紀 80 年代，當時蘇聯糧食歉收，再加上美國對蘇聯實行糧食禁運，迫使蘇聯在國際糧食市場大量採購。這時美國使用糧食武器出了狠毒的一招，他們通過法令在國內減少 1/3 的小麥耕種面積，促使國際市場糧食價格上漲。後來，蘇聯解體，這符合西方國家的願望，西方議員阿德·梅爾科特毫不猶豫地說：「蘇聯需要多少糧食我們都可以提供。」

美國在糧食的援助政策上都打上了「和平」的旗號，例如「糧食換和平」計畫等等。其實，這都是為美國的政治利益服務的。在 2007 年到 2008 年這場世界糧食危機中，可以清楚地看到，美國利用自身在糧食市場上的壟斷地位，打擊開發中國家脆弱的農業生產體系，維持其霸主地位，從中謀取全球性政治和經濟利益。糧食作為資源戰爭的武器已不是什麼新發現，美國企圖用糧食作為武器控制世界。以糧食作為武器，在現實生活中和國際關係中是一個人所共知的事實。

　　美國糧食的根本問題是生產過剩和居民消費能力不足，這一問題必將導致其國內的糧食價格低廉，從而影響廣大農民的收入與利益。因此，為了維護美國農民的利益，美國的糧食政策一直以價格支持和鼓勵出口為重要內容。價格支持為美國國內的糧食限定了最低保護價格，有效防止了「穀賤傷農」；而鼓勵出口的政策為美國大量的剩餘糧食找到了出路，創匯的同時緩解了國內的壓力。美國政府對糧食出口採取的鼓勵政策主要包括保護性關稅、出口補貼和出口信貸等，透過這一系列農業補貼及出口促進政策，美國實現了糧食的 70％用於出口，美國已經成為世界上輸出農產品最多的國家。

　　美國政府在 1995 ～ 2002 年，共提供農業補貼 1140 億美元，糧食利潤的 1/3 來自政府補貼。2002 年 5 月，美國總統布希批准通過的《新農民法案》，計畫今後 10 年內，為農業和畜牧業提供 1900 億美元補貼，比舊的農業法規定的補貼增加了 80％。

　　出口促進政策及高度機械化的農業生產，使美國的農產品在國際市場上大量低價傾銷，摧毀了許多開發中國家的糧食生產，使許多開發中國家成為糧食淨進口國，從而為糧食危機埋下了伏筆。

　　除了利用糧食補貼政策敲開未開發國家的大門，對其進行低價糧食傾銷之外，美國還採取了進一步的策略——高價收購中美洲、非洲等地的單一農產品，這一招可謂高明至極。為什麼這樣說呢？因為面對高價誘惑，這些國家的農民自然都會選擇放棄糧食作物的耕種，轉而種植咖啡、香蕉、甘蔗等能賣個好價錢的經濟作物，再用錢去購買低價的美國糧食。長此以往，這些國家必將逐漸喪失其農業獨立性，需徹底依靠從美國進口糧食，一步一步走進美國的埋伏圈。

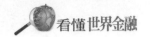

糧食作為一種戰略物資，它的作用已經不再是填飽人們的肚子那麼簡單。在一些國家看來，糧食的角色正在發生轉變，漸漸成為它們重要的謀求經濟利益、政治利益的工具，而美國正是這類國家的典型代表。美國以糧食為載體和工具，利用其糧食補貼政策、基因改造糧食和對其他國家的糧食援助與糧食禁運，在世界範圍內傾銷美國食品，企圖影響甚至控制他國的糧食體系。

這是一個不得不引起我們警惕的、非常嚴重的問題。農業是立國之本，糧食是人類生存的基礎，同時糧食也是一國重要的戰略物資。一個國家如果不能保證一定比例的糧食自給率，就猶如被別人扼住了喉嚨，國際糧食市場的風吹草動都可能使這個國家喘不上氣來，在國內產生牽一髮而動全身的骨牌效應。一旦糧食價格上漲或糧食出口國對糧食出口採取限制措施，這些國家的人民就很可能面臨著饑餓等社會問題，甚至造成國內的政治動盪，這也正是我們在 2008 年那場世界糧食危機中所看到的情境。

但在經濟全球化的今天，操縱價格是一把雙刃劍，這次石油和糧食的漲價確實引起了全球範圍的經濟衰退和社會動盪，但它絕沒有達到打擊新興經濟體的目的，反而使美國自身陷入了更深的、結構性的經濟危機中，頗似玩火自焚。

跨國糧商壟斷世界糧食交易

　　現代世界經濟的發展離不開跨國企業，糧食產業領域也不例外。跨國糧商在世界範圍內的拓展就像一把雙刃劍，在促進經濟全球化的同時，也對各國的糧食安全帶來了威脅。中國市場作為世界經濟新的增長點，對它的分析在一定程度上具有代表意義。

　　目前掌握全球糧食運銷的是 4 家跨國公司，即 ABCD 四大糧商，即美國 ADM（Archer Daniels Midland）、美國邦吉（Bunge）、美國嘉吉（Cargill）和法國路易達孚（Louis Dreyfus），人們習慣上簡稱它們為 ABCD。這 4 個佔據世界糧食交易主要份額的四大糧食集團行事低調，關於它們的新聞並不算多，但是它們對於世界糧食環境的作用卻不容小覷。

　　透過對 ABCD 四大跨國糧商的介紹分析，以及跨國糧商對中國市場的爭奪，希望能夠幫助大家透過生活中琳琅滿目的商品的表面，發現其背後隱藏的跨國企業的身影，深究市場中各方利益的爭奪拉鋸戰。

　　四大糧商的經營範圍已經遍及了從糧食種植到倉儲、運輸再到加工、銷售的各個環節，並輔之以金融等支援性服務，而其產品更是囊括了穀物、油料、食品、飼料、生質燃料等門類。除了 ABCD 四大糧

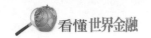

商之外，美國孟山都也是赫赫有名的農業巨頭之一。孟山都致力於種子和農業基因技術研究，當前世界上絕大多數基因改造作物研發的相關技術都已經被孟山都等少數公司控制。顯然，寡頭壟斷的格局在世界糧農領域已經形成，這些企業的經營目標不是利潤，而是攫取高額的壟斷利潤。

面對主要的外部利益相關者，這些跨國糧商已經完全佔據了主動地位。《環球財經》雜誌編輯鮑迪克在 2008 年 7 月發表的題為《糧食政治》的文章中，引用了美國密蘇里大學農業社會系教授赫佛南的觀點：不同糧食生產者之間兼併、接管和聯盟，組建了更為集中的糧食產業集團。

美國農業部的資料顯示，2010 財年上半年，美國對中國的農產品出口達到 106 億美元，增長近 30 億美元。中國成為美國農產品的第一大出口市場。由於看好「中國機會」，美國的跨國公司已經開始投入鉅資進行戰略佈局。據英國《金融時報》報導，美國、日本及韓國幾家企業組建的合資公司，正投資兩億美元在美國西海岸興建全球規模最大的糧食出口基地，該出口基地的目標是中國等亞洲市場。

美國企業眼中的「中國機會」對中國意味著什麼？首先是中國的糧食安全將面臨挑戰。外國農產品的進口無疑會對中國農民和企業造成衝擊，因為美國並不滿足於目前的對華農產品貿易順差，他們還野心勃勃地盯著中國大宗農產品市場。目前美國國際貿易委員會正就一項申訴案進行調查，針對的就是中國的糧食進口僅限於幾種產品。中國的糧食安全面臨的第二層挑戰，是跨國糧商在中國糧食產業鏈上的投資佈局。據調查，豐益國際和 ADM、邦吉、嘉吉、路易達孚四大跨

國糧商都把中國作為企業擴張的重要目標，逐步在中國建立了上下游完整的糧食產業鏈。

中國作為世界新興的高速增長市場，自然成為各跨國糧食集團的必爭之地。邦吉在中國經營 3 家大豆加工企業，在上海成立了貿易公司從事大豆進口業務，並將中國國內的玉米、小麥進行出口。ADM 在中國設立了動物飼料加工廠，並成立了貿易公司從事卵磷脂、黃原膠、酸化劑等特種食品成分的銷售。嘉吉在中國的業務範圍更是廣泛，包括農業服務、嘉吉農業供應鏈、嘉吉食品配料和系統、嘉吉動物營養、嘉吉金融服務、嘉吉能源、運輸及工業貿易等，在北京、上海、香港、天津、南京、鎮江、武漢、成都、佛山等大中城市成立了多家涉及飼料、玉米工業、生物工程、食品、貿易等業務內容的公司。路易達孚是第一個向中國出口棉花的國家。中國加入 WTO 後，其也成為有農業貿易權的第一家國外跨國企業，在中國從事棉花、糖、穀物和油脂業務以及進出口貿易業務。

從上面的分析可以看出，國際糧商巨頭憑藉其資本、品牌、技術等優勢，從原料供應、倉儲物流、生產加工到市場管道各個環節，在全球範圍內進行擴展，對中國的農糧市場也造成了全面衝擊。這些跨國糧商在給中國帶來資金、技術、品質的同時，也對中國的中小企業造成了毀滅性的打擊。除了像中糧這樣實力雄厚的國企還能與之較量一番外，很多企業被迫關閉或被收購兼併，中國的糧食安全也受到了威脅。

這樣的情況並不是只在中國存在，很多新興國家在市場逐步開放的過程中，必然會面對國外成熟的跨國企業對國內市場的侵襲。在市

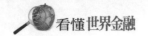

場經濟的背景下，在全球化進程不可逆轉的情況下，新興國家如何在開放市場的同時保護國內脆弱的經濟體，維護自身的糧食安全、經濟獨立，是每個國家都必須認真思考的問題。

中國：正確看待金融危機的衝擊，維護糧食安全

20 世紀 90 年代，美國在巴西、阿根廷等南美地區大力推廣基因改造大豆的種植。美國雄厚資金的助力加上基因改造大豆易於生長的特性，使得美國、巴西、阿根廷一舉成為世界上大豆產量最大的 3 個國家。2005 年，中國成為世界上最大的大豆進口國，進口量達 2659 萬噸，占全球進口量的 1/3。2007 年，中國進口大豆 3400 萬噸，占全球進口量的 1/2。

為什麼會出現這種情況呢？中美兩國的大豆之爭與美國的基因改造大豆不無關係。

首先與傳統大豆相比，基因改造大豆的出油率更高；而且在美國的農業補貼政策下，基因改造大豆價格較國內也更低。2004 年 2 月 20 日，美國孟山都公司開發的基因改造大豆獲得中國農業部發放的為期 3 年的進口許可，從而為美國大豆作為原料進入中國的榨油廠打開了一條通道。20 世紀 50 年代以前，中國是世界上最大的大豆生產國和出口國，但是隨著國外基因改造大豆潮水般湧入中國，情況發生了變化。為了降低成本，提高產出，基因改造大豆自然成為眾油商的首選。

但這種情況給中國農業的健康發展埋下了隱患。一方面，中國大豆的高對外依存度使我們失去了定價權，也失去了主動權；另一方面，

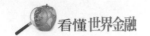

基因改造大豆對中國傳統大豆種植體系的大力衝擊很可能導致中國傳統大豆種植業瀕臨崩潰，中國的農業安全將受到嚴重威脅。

「國以農為本，民以食為天」，農業和糧食的經濟地位可想而知，經濟發展和社會進步的基礎必須建立在人們不餓肚子的前提下。而2008年國際糧食危機為中國敲響了警鐘，隨著下半年金融危機的蔓延，糧食危機逐漸淡出人們的視線，然而全球糧食危機依然存在。中國對糧食生產的高度重視，促使中國糧食生產和消費都未出現危機跡象。但在金融危機的衝擊下，農產品價格有可能進一步下跌，這也成為中國爆發糧食危機的不確定因素。

2008年中國糧食總產量達到創紀錄的10570億斤，是40年來第一次實現糧食總產量連續5年增加。連續5年增產，似乎使國人有理由應對全球糧食危機，但是，應該看到，危機的引發因素都還存在，潛在的糧食危機是我們面臨的重大危機。吃飯是人的第一需要，糧食問題是關係國計民生的大問題，在金融危機的情境下，更應該注意糧食安全問題。

改革開放後中國農村實行家庭聯產承包責任制，這個體制的好處是大大激發了農民的種糧積極性，弱點就是抗風險能力差。農民所擁有的生產規模非常小，隨著人口的增長，很多地方的人均耕地已經不足一畝。在資本面前，農民根本沒有發言權，甚至沒有發言的機會。相比城市，農村同樣沒有發言權。在缺乏保護、組織的情況下，農民們面臨著比製造業和服務業更大的市場風險，而且他們還承擔著二、三產業部門極少具有的自然風險。因此，在雙重風險襲擊下的農業，就變成了一個弱勢部門，存在隱性的糧食生產危機。

　　由於金融危機的衝擊，中國主要商品價格都出現了下跌趨勢，農產品價格更是首當其衝。這樣，農民種糧的收益勢必會進一步降低，農民種糧的積極性將繼續受到打擊，職業農民不斷流失，土地荒廢嚴重。在多數農產品處於供求平衡狀態下，外部不確定因素對農產品價格的影響作用大，市場波動使從事農業生產的風險明顯增加。部分農產品價格暴跌、農民增產不增收問題可能更加嚴重。

　　要滿足人們日益增長的糧食需求，保障糧食安全，主要的思路是不斷提高糧食生產能力。因此，中國推出了免徵農業稅、最低收購價政策、最嚴格的耕地保護政策、建立糧食儲備體系、加強糧食市場監管等一系列保護糧食生產能力和糧食安全的政策措施，對保障中國糧食安全起到了極其重要的作用。

　　中國每年要消耗糧食 10600 億斤，這是一個龐大的數字，是世界消費總量的 1/43，目前世界糧食總貿易量不到中國消費量的 2/5。有人說，只要中國經濟發展好了，可以從國外買糧食。但是世界上有哪個國家能提供如此多的糧食？如果中國的糧食出現問題，沒有任何一個國家能拯救中國。

　　因此，必須要實行最嚴格的耕地保護制度和最嚴格的節約用地制度。18 億畝耕地的紅線絕對不能觸碰，從嚴控制城鄉建設用地總規模，從規劃、標準、市場配置、評價考核等方面全面建立和落實節約用地制度。

　　「無農不穩，無糧則亂」是中國幾千年歷史積累下來的政治智慧，中國作為世界上最大的糧食生產和消費國，糧食生產的基礎並不穩固。另一方面，美國正揮舞著它的糧食大棒無聲無息地潛入眾多國家，以

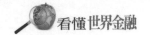

實現其經濟甚至政治目的。隨著人們消費水準和消費觀念的不斷轉變，對糧食品質和品種的要求也會越來越高。

　　糧食消費趨勢也會不斷變化，因此，我們必須保持清醒的頭腦，客觀深入地分析現實的情況，認真分析當前及今後一段時期內適應糧食消費趨勢的措施，進而採取相應的對策，確保糧食安全，維護經濟的安全。

第十一章 未來我們該怎麼辦

當貨幣越來越多、資源越來越少時，普通百姓都必須要遵循金融大趨勢，一定要體現「資源為王」的投資思路。「資源為王」的魅力來自於紙幣濫發引發的不安全感，也是人類為了滿足不斷膨脹的欲望所導致的必然結果。

在貨幣超發的時候，切記，一定要給財富找個錨，這個錨可以是黃金、房產，可以是其他稀有資源，也可以是一種你認為未來非常有前途的其他投資品，但一定不要讓財富懸在空中。

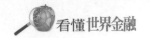

錢越來越不值錢，我們被貨幣欺騙了

　　自 1997 年以來，全球貨幣的增長速度遠遠超過全球的經濟發展速度。2002 年以後，全球貨幣增長率持續上漲，高於 10％，甚至達到 25％，但世界 GDP 的增長率一直在 2％ ~5％之間，兩者之間的差距越來越大。這是貨幣超發導致的貨幣氾濫現象，致使眾多商品出現了歷史上從未出現的價格走勢怪現象。

　　近幾年，中國需求較為集中且數量較大的國際大宗商品：煤炭、鐵礦石，尤其是石油和糧食，都出現了幅度很大的漲價情況，並且正在持續進行著。從 2009 年開始，國內電價、水價、天然氣等，尤其是房價，漲勢十分瘋狂，漲價這個話題已成為老百姓談論的熱點。

　　自 2007 年 6 月康師傅等高價速食麵率先提價後，以華龍、白象等為首的中低價速食麵價格也整體上調，平均每袋速食麵漲兩三毛。康師傅五連包漲了 1 元，單袋漲了 0.2 元。統一速食麵從 1.3 元漲到 1.6 元，五連包和單袋的漲幅分別達到 14％和 19％。

　　這與成本的增長息息相關。2006 年以來，速食麵原材料的價格不斷上漲，持續到 2007 年上半年，仍無下降趨勢。比如棕櫚油由 4200 元／噸漲到 8000 元／噸。

　　漲價了，我們手中的錢數沒有變，那麼可以買的東西就少了，人

們的購買力就下降了，進而導致商品積壓，形成通貨膨脹。

這種現象強制地闖入我們的生活當中，讓人感到緊張，又讓人覺得無路可逃。誰都想將通貨膨脹問題解決掉，但談何容易。

錢為什麼會越來越不值錢呢？來看看貨幣的本質吧。

馬克思認為最早的貨幣是實物，中國最早的貨幣就是牲畜幣，在當時，牲畜幣最大的特徵就是實用，且「不容易大量獲取」。「不容易大量獲取」是其能夠充當貨幣的基礎，一旦數目過多，就會失去貨幣功能，也就是說貨幣必須是稀有的少部分的東西。

以「不容易大量獲取」這個特性為基礎，後來人們便將金屬作為貨幣，這就迎來了金屬貨幣時代。由於鑄幣價值與其所包含的金屬價值一致，幾乎不會出現通貨膨脹的現象。用金屬作為貨幣，沒有通貨膨脹，但出現了流通日少，錢荒等現象。

再後來，人們發明了紙幣，就是我們現在用的錢。紙幣不像珍貴的金銀，生產過程麻煩又有限，而是簡簡單單的一張紙，在上面印上較大的數字即可。

紙幣這種既簡單又方便的貨幣勾起統治者濫發貨幣的衝動，全球貨幣氾濫已經達到了令人難以想像的地步。全球絕大部分國家都存在著不同程度的貨幣超發問題。

人們對貨幣購買力的下降和物價的上漲一直是深有感觸。但貨幣到底在發生怎樣的變化呢？

2011 年 2 月 28 日，中國人民大學國際貨幣研究所理事和副所長向松祚撰文指出：20 世紀 70 年代以來全球基礎貨幣或者說國際儲備貨幣從 380 億美元激增到超過 9 兆美元，增速超過 200 倍，而真實經濟

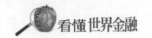

增長還不到 5 倍。全球貨幣或流動性氾濫是今日世界金融和經濟最致命的痼疾。

貨幣增速遠遠超過經濟的增長速度，這是一個極不正常的發展趨勢。有專家測算，1990 年 1 月至 2009 年 12 月間，中國居民消費價格指數（CPI）的月平均值為 4.81%，也就是說如果在 20 世紀 70 年代改革開放之初時擁有 100 萬元，到現在只相當於當年的 15 萬元。很多人都有這樣的感慨：我的錢越存越少了。

中國金融 40 人論壇學術委員、北京師範大學金融研究中心教授鍾偉曾從居民人均儲蓄著手，分別選取 1981 年、1991 年、2001 年和 2007 年四個時間點，對「萬元戶」財富的變遷進行測算。從居民人均儲蓄看，上述 4 個時點居民儲蓄總額分別為 523 億元、9200 億元、7.4 兆元和 17.3 兆元，考慮人口變化之後的人均儲蓄為 52 元、800 元、5900 元和 1.3 萬元。這樣算來，1981 年的「萬元財富」相當於當時人均儲蓄的 200 倍，折算到現在差不多是 255 萬元。

結論顯而易見：過去 30 年，錢隨著時間的推移變得越來越「不值錢」了！

不做金融盲

有這樣一個關於金融素質的小測驗：假設你要買台價值 1000 英鎊的新電腦，打算貸款來買。可以選擇的方式有：分期付款，每月支付 100 英鎊，共償還 12 個月；按 20％的年利率貸款，也就是說一年後償還 1200 英鎊。這兩種方式哪種更省錢？其實兩者一樣！

金融學教授、金融掃盲中心主任安娜瑪利亞 · 盧薩爾迪稱，93％的美國人不能答對。她進而補充說，金融盲現象在國際上也很普遍。即使比這還淺顯的金融問題也會難住很多人。

金融，看似高深，實則與普通百姓有著密切的聯繫，在今天金融全球化的浪潮中，我們更要有意識地學習金融知識。

目前，金融市場上形形色色的金融產品的複雜程度已大大提高，而消費者的「複雜程度」沒跟上。「知識沒有跟上現實世界的發展，」盧薩爾迪說，「關鍵字是『脫盲』。如果你是文盲，就沒有辦法在社會中生存，如今，金融盲也沒有辦法生存。」

華盛頓大學教授路易斯 · 曼德爾發表的調查結果顯示，金融教育對形式上的金融脫盲指標似乎沒有任何影響——儘管令人困惑的是，它的確能夠改善人們日後在生活中做出的金融決策。專家認為，美國次級房貸危機爆發的部分原因，在於個人做出非理性金融決定和採取

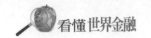

非理性行動，金融掃盲或許有助於防範這類危機再次重演。

財務和經濟涉及收入，通俗表述即金錢。對金錢，一般美國人時下所持的普遍態度和認知，依照約翰‧布賴恩特的描述，可以歸結為：「人人都想要它，卻沒有人懂得它。」為低收入者提供「動手能力，而非施捨」，無異於一場「銀權運動」。布賴恩特說，在美國，「金錢是一項大禁忌，大家不會公開談論它。這就是有人會以次級貸款形式舉債的原因。」

次級房貸舉債，一度讓不少低收入階層圓了住房夢，也讓其中不少人面臨無力支付高利率分期還款、房產可能遭放貸機構沒收的危險。一些美國民眾為購買住房而舉借次級房貸時，按照布賴恩特的判斷，他們並不瞭解分期還款額度會隨著利率上升而增加，也不明白作為抵押物的房產在交易總額中所占比例相當低，因而需要承受超乎正常貸款項目的風險。

美聯儲發佈一份調查報告，揭示了一系列資料：

——全美國範圍內，高中學生中，能對個人財務和經濟問題提供正確答案者平均僅為 48.3%。

——同一批接受調查的樣本中，認為從出生至就讀大學 18 年間股票市場收益一般高於銀行儲蓄收益者僅為 16.8%。

——依美國法律規定，如信用卡失竊，竊賊透支 1000 美元，信用卡持有者即使通報信用卡發行商，依然可能分擔至多 50 美元損失，卻有將近 53% 調查對象不瞭解這一情況。能完整、準確作答者僅為 13%。

這項調查每兩年舉行一次，截至 2008 年為第六次，所獲結果不如

2006 年。兩年前的調查中，能對個人財務和經濟問題提供正確答案者平均為 52.4%。

次級住房抵押貸款危機的惡劣影響波及整個美國和全球金融業，影響美國以至全球經濟，看似需由政府「救市」和「買單」，實際卻最終將由納稅人，即普通民眾付出代價。布賴恩特認為「排除（放貸機構）貪婪以及金融解釋誤導因素，這場危機的根源在於金融（知識）文盲，存在於廣泛層面上。」正因如此，次級房貸危機之下，金融掃盲尤顯必要。

美聯儲主席伯南克曾經在美國首都華盛頓，聯邦儲備委員會大樓內發表談話，提及向年輕一代普及金融知識的意義：「我們國家的年輕人做好金融知識準備，對（改善）他們自身的福利而言必不可少，而對（維護）我們大家的經濟前景而言則至關重要。」他強調，「次級抵押貸款市場出現嚴重問題，提醒大家意識到，個人從年輕時就熟悉金融知識是何等重要……他們可以更好地做出抉擇，縱然金融市場日益複雜，也會有能力駕馭自如。」

美國人的消費信貸債務截至 2006 年累計達到 2.4 兆美元，其中信用卡債務為 8250 億美元。更令人吃驚、也常被學者引為全球經濟失衡原因之一的資料是：美國人儲蓄所占收入的比例 2006 年為負 1%，創下自 20 世紀 30 年代美國經濟「大蕭條」以來的儲蓄率最低紀錄。

財務管理技能必不可少，金融掃盲，並非次級房貸危機爆發之後提出的課題。美國國會眾議院成員、民主黨人魯賓·伊諾霍薩 2007 年 3 月 27 日正式遞交一項決議案，提議設立「金融普及月」。這項決議案當時獲得 119 名眾議員附議支持。2007 年 4 月 17 日，眾議院全體成員

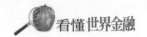

投票表決,以超過 2/3 多數通過這項決議,把每年 4 月確定為「金融普及月」,以推動金融知識普及。決議文本寫道:「個人財務知識對確保個人管理現金、信貸和債務以及成為富有責任感的員工、一家之長、投資者、創業者、企業領導人和公民而言必不可少。」至於推廣金融教育的針對性,這項決議指出,「個人財務管理技能和終身習慣形成於兒童時代」。

經濟的繁榮離不開金融的發展,而金融的發展離不開人們對金融的消費。但目前中國有諸多的「金融消費者」對金融這份「套餐」知之甚少或一無所知,搞不清自己擁有諸如金融獲知權、金融消費自由權、金融消費公平交易權、金融資產保密權等權利,弄不懂自己在消費過程中應知、應會的金融法規常識。由於金融知識不普及,近幾年來犯罪分子利用假存單、假支票、假貨幣等形式大肆進行金融詐騙活動,金融案件頻繁發生。

2000 年,中國因金融案件而導致的直接損失高達近 10 億元,比 1999 年多了一倍多。而這一切無不緣於在「金融消費者」中存在的「金融盲區」。

2001 年 6 月,中國河南省某縣金融系統在「金融宣傳月」活動中,印發 600 份貨幣知識問卷,選擇 300 名農民和 300 名城鎮居民問卷調查,結果表明,對流通幾十年的人民幣符號、尺寸、防偽標誌等簡單知識基本掌握的城鎮居民占 25%,農民僅有 10%,掌握貨幣形態等知識的城鄉居民不足 5%。在同時進行的居民假幣識別能力調查中,有 15% 的城鄉居民略懂一些反假幣知識,對反假幣知識一無所知的城鄉居民高達 85%。

　　歷史上許多次的金融危機都源於民眾對金融缺乏認知，使得最初是金融危機，之後變成經濟危機，最後成為了信任危機。

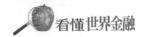

瞭解泡沫，走出泡沫

我們在倒啤酒的時候有這種經驗，明明是倒了滿滿一杯，但泡沫消去以後杯中酒所剩無幾。如果把這充滿泡沫的酒當作幸福的寄託，那麼這句話就最恰當不過：幸福就像泡沫，脆弱而易消逝。是的，泡沫是酒杯裡虛胖的酒，只是酒杯的虛假繁榮。

泡沫意味著缺少實體的支撐，泡沫經濟則因為虛擬資本過度增長，與虛擬資本相關的交易持續膨脹逐漸脫離實物資本的增長，造成經濟的虛假繁榮，最終當泡沫破滅時導致經濟崩潰，甚至社會動盪。

1986 年 12 月到 1991 年 2 月之間，是日本戰後的第二次經濟大發展時期。隨著大量投機活動的全面展開，日本的經濟在周邊國家一片蕭條的背景下開始飛速發展，似乎在瞬間，一個普通的開發中國家就變成了遍地黃金的富裕之地。1989 年日本迎來了投機經濟的最高峰，資產價格仍然一路飆升，但是因為泡沫資產價格上升過快而無法得到實體經濟的支撐，最終開始出現危機。1991 年日本泡沫經濟開始破裂，日本的經濟像一座建立在泡沫之上的高樓大廈，在泡沫破裂的瞬間崩塌。

在日本，泡沫經濟從形成到破裂有一個過程，從 1986 年 12 月到1989 年高峰之前，都是形成和繁榮階段，直到高峰之後開始走下坡路，

最終泡沫破裂。泡沫經濟可分為三個階段：形成階段、膨脹階段以及破滅階段。

泡沫狀態是由於一種或一系列資產在一個連續的過程中陡然漲價，在價格上升的過程中不斷引發人們的上漲預期，於是更多的買主被吸引，更多的買主加入之後更加助推了這種資產的上漲趨勢，於是人們在這種瘋狂的漲勢下很容易喪失判斷力，忽略了資產本身的贏利能力而將所有目光都投在了透過這種資產牟利方面。然而，沒有足夠實體支撐的經濟是不可能一直持續上漲升值的，隨著漲勢的逆轉，價格最終會下滑甚至暴跌，最後便是金融危機甚至發展成為經濟危機。

說到底，泡沫經濟的根源在於極度鼓吹虛擬經濟，導致虛擬經濟對實體經濟偏離，虛擬資本的膨脹導致現實經濟所能夠產生的虛擬價值遠低於虛擬資本，最終無法得到支撐而經濟崩潰。

在實物經濟的世界裡，是不會產生泡沫的。這很容易理解，因為雙方是以實物形態為媒介，是等價交換，並未產生不合實物的價值符號。而虛擬資本的運作則不同，它們可以產生大量的超過實體經濟的資本。所以一般認為，泡沫經濟總是起源於金融領域。

然而，經濟是一個整體，尤其是全球經濟如此緊密相連的今天，不僅各行各業聯繫緊密，各個國家的經濟聯繫也非常緊密。不同行業和不同經濟體之間的滲透力是相當高的，任何一個環節出現問題都有可能引發全域性的問題。

隨著雷曼兄弟破產、美財政部和美聯儲接管「兩房」以及美林「委身」美銀，AIG 告急等一系列事件的爆發，震驚美國乃至震驚全世界的美國金融危機爆發。這次危機起因於商業銀行的次級貸款，在商業

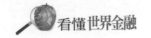

銀行放出次級貸款之後，又將其轉手賣給投資銀行，投資銀行又將其打包賣給全世界，於是引發了世界性的金融危機。

2008 年金融危機印象最深刻的是沿海很多外貿企業破產，很多人失業，導致了返鄉潮。隨著美國金融危機的影響，中國也迎來了股市的暴跌，2007 年股市的大好景象如今只能是刻在股市歷史上的一道風景線，讓人們記憶深刻的應該是從 6000 點到 3000 點的弧線。

泡沫經濟前期主要是經濟的繁榮期，這段時間裡大家的感覺都是美好的，因為人人都會從繁榮的經濟中獲利，大家都感覺自己的資產更多，幸福感更強烈。股市的利多給投資者帶來更多收益，房產市場的景氣讓地產投資者更有信心，從事房產經營者的收入更加穩定，投資者也更樂意投資。金融衍生品會越來越多越來越豐富，交易也越來越頻繁，與此相對應，信用的透支也會越來越嚴重。然而，這背後確實存在著巨大的陷阱和深層危機。

當股市泡沫破裂，股價大幅振動並下跌，痛失資金的仍是投資者；當房地產動盪，地產泡沫破裂，曾一度居高不下的房價突然下跌，房產投資者們將迎來殘酷的寒冬；無論是股市還是地產，無論是其他金融衍生品交易還是任何一個借貸或者保險信用環節發生問題，最終整個大盤必定會受到牽連和影響。而且，以往的泡沫經濟現象表明，泡沫經濟持續的時間越長，發展的程度越高，牽連的資本體或者行業越廣，則泡沫破滅以後對經濟、對社會的危害越大、越持久、越深刻。

經濟泡沫只是海市蜃樓，說到底，它是一種虛假的繁榮。它是因政府宏觀調控不當，企業過度投資而引起的資產價格過度膨脹的現象。經濟泡沫往往會給銀行系統傳遞錯誤的資訊，以至於銀行非常願

意給投資者發放貸款，以為這樣，自己也會賺取大把的錢。實際上，泡沫終究是泡沫，說不準哪天就會迸裂，到時候銀行是要吃虧的。

　　泡沫從積累到破滅，對中國意味著什麼？可以說，那就是中國改革開放三十多年來積累的財富毀於一旦。不光是中國，經濟泡沫對於美國、英國等各個國家的影響大同小異，所以，一旦經濟泡沫出現，最重要的工作就是擠壓泡沫，儘早將其擊碎。

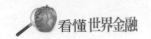
吸納超發貨幣的海綿

　　什麼是貨幣的超發和吸納，為什麼樓市和股市的趨勢都與貨幣緊密聯繫在一起呢？我們可以做一個形象的比喻：如果貨幣是水，那麼，貨幣的歸屬地就是海綿。超發貨幣必須有合適的歸屬地去吸納它才行，這樣才能達到某種平衡，否則，就可能氾濫成災。最直觀的一個現象是：當海綿無法吸納多餘的水時，就會溢出來，貨幣就會貶值。這是放之四海而皆準的道理。

　　英國學者希勒爾·蒂克延認為：今天有大量過剩資本找不到有利可圖的投資場所，這導致資產價格膨脹和各種金融泡沫。資本主義制度已經危機重重，因此，它需要一種新的策略克服危機，但仍然未找到。

　　貨幣超發現象在很多國家都出現過，而且有些國家仍處於貨幣超發狀態，只有吸納掉這些貨幣，才能避免通貨膨脹。因此這些國家都在努力地尋找出路。美國就是一個很好的例子：貨幣化、證券化、債券化道路，以及金融衍生品市場的擴張，美國為美元找到了充足的海綿。否則，美國的通貨膨脹程度將日益加重。

　　其實，從貨幣的超發、吸納到蒸發的過程主導著很多國家的資本市場趨勢和經濟大趨勢，中國也不例外。

　　2009 年 12 月起，中國對房地產進行調控，但在同時，食品類價格

開始快速上漲，比如薑、大蒜等。

這輪農產品漲價的根本原因其實就是貨幣的流向問題。因為貨幣要找到一個歸宿，當房地產調控時，貨幣出於避險考慮不再大量湧入房地產，就必須流向其他領域，流到哪裡，哪裡就會出現價格飛漲的現象。

不僅僅是食品類價格飛漲，中國的書畫藝術品價格更是持續高漲。但是這些領域對貨幣流動性的吸納是有限的。2010 年 5 月，新華社記者就此問題專訪了國家發改委副主任彭森。

彭森說：「大家都知道，為了應對金融危機，各國投放了大量貨幣，中國 2009 年銀行貸款投放了 9 兆多億元。資金流動性充裕後要尋找出路，為什麼 2009 年沒出現類似問題，而在今年（指 2010 年，下同）出現了呢？當時房價節節攀升，股市表現也很好，大量資金被房地產、股市等資本市場吸收。今年以來，國家出臺一系列政策遏制房價過快上漲，股市也在下行。樓市降溫，股市低迷，在這種情況下，大量資金退出股市和樓市後，就開始選新的目標。分析一下價格明顯上漲的品種，雖然都是必需品，但除了粳米和蔬菜外，都是小的農副產品品種。這些產品都是季節性生產、常年消費，供應量、需求量都是一定的，都不是特別大，便於儲存，游資更容易炒作……」

房地產和股市是中國的兩大海綿。當這兩大領域的吸納能力受到限制時，貨幣就會流向農產品等領域。這就需要國家找到某種平衡。比如，當農產品價格上漲，CPI 漲速較快時，就要放寬對房地產的調控；而當農產品價格上漲勢頭趨緩時，就可以實行比較嚴厲的調控政策。

2010 年 8 月，中國 CPI 同比上漲 3.5%，漲幅創下 2010 年新高，與

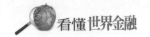
此同時，房屋銷售量也突然快速上升。民眾出於對貨幣貶值的恐懼，再次蜂擁入市，推動原本已經畸高的房價繼續上行。其實，中國的房價一直都是在這種恐懼心理下被推動的，它已經完全脫離了傳統意義上的供需理論。

貨幣超發後就一定要找到海綿去吸納它，這個思路必須貫穿貨幣流通的完整過程。因為當貨幣超發到一定程度，市場無力吸納時，就會引爆危機，使得大量貨幣在危機中伴隨著財富的縮水而蒸發。瞭解了這一點，就會理解次級房貸危機的爆發，找到 2005 年到 2007 年 10 月的中國股市大漲和此後從 6100 多點跌到 1600 多點走勢的根源了。

美元作為世界第一大貨幣，一直在源源不斷地湧向全球，但近年來，美國的通貨膨脹並不嚴重，除了大約 70％的美元在美國以外的國家流通外（比如，中國購買的金額巨大的美國債券，也是間接對美國超發貨幣的吸納），與美國的高科技領域對貨幣的吸納作用也密切相關。新技術為企業發展注入了勃勃生機和活力，加大了對貨幣的需求和吸納。

無論是就美國還是就全球而言，對貨幣的吸納能力都在下降。也就是說紙幣的大趨勢是貶值的。如果不控制貨幣發行量，不從源頭上解決問題，僅僅靠貨幣政策吸納和蒸發是無濟於事的。

警惕貨幣幻覺，走出過於算計的迷思

中國老百姓經常說一句話：「算計不到就受窮。」這也是中國百姓樸素的理財觀念。但有時候算計來算計去，錢反而越算越少，這是怎麼回事呢？

國外的理財專家稱，人有時會陷入一種過於算計，為算計所誤的理財盲區。比如小王和小李分別花 40 萬元買了一套房子，後來又先後賣掉了，在小李賣房子時，當時有 25％的貶值率——商品和服務平均降低 25％，所以小李賣得 30.8 萬元，比買價低 23％。而小王賣房子時，物價上漲了 25％，結果房子賣了 49.2 萬元，比買房價高 23％。大多數人都認為小王比小李做得好，但事實上，小李才是賺錢的一個，考慮通貨膨脹因素，他所得錢的購買力增加了 20％。為什麼大多數人都看不到這一點呢？因為大多數人的腦中都有貨幣幻覺的存在。

由這個例證中，我們不難得知，產生貨幣幻覺是人們「不知貨幣真面目，只緣身在貨幣中」的典型表現。

「貨幣幻覺」一詞是美國經濟學家歐文·費雪於 1928 年提出來的，是貨幣政策的通貨膨脹效應。它是指人們只是對貨幣的名義價值做出反應，而忽視其實際購買力變化的一種心理錯覺。

在通貨膨脹起初發生時，個人無法瞭解通貨膨脹或物價上漲的程

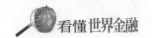

度，只能憑藉自己接觸的本地區的少數商品的價格來判斷。在這樣的情況下，個人的物價資訊就是不完全的，個人只能將主要注意力放在自己的貨幣收入上，這樣就容易產生貨幣幻覺。比如，職場人士在與企業進行工資談判時，就可能將企業允諾的名義工資上升幅度當作實際工資的上升。而其實，因為通貨膨脹已經發生，實際工資其實並沒有上升，也就是說你的購買力並沒有上升，甚至還有所下降。這樣，企業就透過貨幣幻覺獲得了額外利潤。

貨幣幻覺的影響是多層面的。從企業的角度說，企業獲得的額外利潤實際上也是一種幻覺。公司在計算淨利潤時扣減的利息成本和折舊等都是以歷史成本計量的，收入卻包含了通膨的因素，它給人一種公司贏利加速的錯覺，而投資者如果沒有考慮上市公司的贏利可能受到通貨膨脹的影響，那麼便會受到刺激，加大對股票的投資。這樣就造成投資趨熱，推動通貨膨脹的加劇。

所以宏觀政策應該有意識地警惕貨幣幻覺。一般，貨幣政策的作用有兩方面：一是產出效應，另一個是價格效應。在貨幣供應量增長的同時，投資趨熱，首先表現出的是生產原料價格上漲。如果一個擴張性貨幣政策最後是以通貨膨脹來換取產出增長，我們就說這種政策有著暫時的貨幣幻覺。這麼做的結果是比較嚴重的，因為貨幣幻覺一旦消失，就將爆發全面的通貨膨脹。

那麼貨幣幻覺什麼時候會消失呢？一般認為，貨幣幻覺只是在通貨膨脹的形成階段比較嚴重，一旦通貨膨脹普遍化和為大眾普遍意識到以後，貨幣幻覺就會逐漸消失。

由貨幣幻覺，人們得到啟示，關注貨幣不應該只把目光投在商品

價格的升降或花錢多少上，而應把大腦用在研究錢的購買力、錢的潛在價值這些方面。這樣，才能真正做到精打細算，花多少錢辦多少事。從宏觀方面來說，儘早意識到貨幣幻覺，保持清醒的頭腦，及時抑制投資規模，才能阻止全面的通貨膨脹發生，為經濟發展保駕護航。

另外，貨幣幻覺在匯率上的影響也十分值得重視。這一點上要強調名義匯率與有效匯率的區別。如，雖然人民幣對美元在升值，但對「一攬子貨幣」來說，美元對歐元、日圓的大幅貶值，使人民幣有效匯率輕微貶值。國際貨幣基金組織的一項測算顯示，去除通貨膨脹因素的人民幣實際有效匯率在 2006 年 7 月，比 2005 年同期貶值 1.6％，這就是貨幣幻覺的最好反映。貨幣幻覺可能會使國家的貨幣政策被扭曲，並降低貨幣政策對經濟的促進作用。

總而言之，貨幣幻覺在通貨膨脹形成時期是廣泛存在的，並且讓人們做出錯誤的決定，因此，需要對此有清醒的認知。

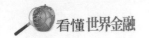

租房代替買房

　　國際貨幣基金組織曾表示，未來 30 年內，全球房地產市場的繁榮景象可能會逐步消退。由於加息和宏觀調控的作用，美國、法國、西班牙以及紐西蘭的房地產市場都已陸續出現不同程度的降溫。可是從微觀角度看，從美國的洛杉磯、西雅圖到英國的倫敦、俄羅斯的莫斯科，世界頂級城市的房價沒有任何降溫的跡象。

　　可以說目前全世界各個大城市的房子都在漲價，人們幾乎到了談房色變的地步。雖然歐美的房子因為經濟危機而出現降價現象，但在主要城市主要地段，房價還是居高不下。全球的經濟學家、房地產研究專家誰也不敢斷言：世界房價什麼時候會升，什麼時候會降？

　　大批新移民的到來必然帶來房價的飆升。在自有住房十分普及的美國，買房本非難事，但洛杉磯例外。在這裡圓住房夢確實是越來越難。

　　洛杉磯房價之高是全美國都出了名的。據美國全國建築商協會和全國房地產經紀人協會統計，僅在 1998 ～ 2003 年，美國前 8 個大都會地區的平均房價，以洛杉磯漲幅為最高，達 118%。目前洛杉磯一套中級價格水準的家庭別墅，售價為 47.5 萬美元（約 400 萬元人民幣），超過紐約的 45.3 萬美元和華盛頓的 42.9 萬美元，僅低於舊金山的 72.7

萬美元。這個價格水準是美國中西部地區房價的 5 倍。

洛杉磯市東郊的亞凱迪亞市，屬於洛杉磯地區著名的富人區。開發初期人煙稀少，地域開闊，因而建築形態十分豐富，初期房價也十分低廉，附有游泳池，占地一畝左右的高級別墅，平均價格僅在 10 萬美元左右。但隨著城市郊區化建設的飛速發展，過去 20 多年來富人紛紛逃離市區，促使這裡房價節節攀升，反而遠遠超過市中心。目前這裡附有游泳池、占地一畝多的獨立別墅，即使建築老舊，價格也在 60 萬美元以上。

許多人都認為洛杉磯房價高漲已形成泡沫，而喜歡買房置地的華人新移民，通常被認為對其造成了推波助瀾的作用。

華人喜歡聚居，而且是群眾在教育品質較好的學校附近。亞凱迪亞市高中是遠近聞名的一座教育品質很好的中學，因而導致許多華人夫婦紛紛遷移到該市，進一步抬高了這裡的房價。

美國樓市在 2006 年持續降溫，在當年的第四季度，全美國的房價平均下跌了 2.7％。

據法國全國房地產聯合會去年公佈的數字，法國平均房價繼 2006 年 7 月下降了 0.3％之後，8 月又下降了 1.1％。該機構稱，房價連續兩個月下降為法國房地產市場近 10 年來首次出現。

在巴黎，目前的平均房價已經突破每平方公尺 5000 歐元的大關，該市富人聚集的 16 區房價幾經接近每平方公尺 7000 歐元。坎城、威尼斯、普羅旺斯等度假地的房價已經超過每平方公尺 4000 歐元。馬賽、里昂、里爾等大城市的平均房價也達到每平方公尺 2500 歐元。

對於法國的中低收入家庭來說，買房子已經成為一個難以實現的

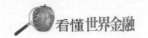

夢想。在法國全國範圍內的購房者中,普通職員和工人僅占 1/3。法國老百姓抱怨說,購房已經成為政府和公司高層人員的特權了。

由於沒錢做屋主,很多大城市的居民都選擇做房客。巴黎市內 10 個人中,有 9 個人是租房者。由於能買得起房子的人越來越少,20 世紀 90 年代以售房為主的房地產公司,開始投入大批資金購買二手房,出租房子現在成為它們的主要業務。

儘管法國人中購房者越來越少,但法國的房價仍舊一漲再漲。對此,法國國內有人提出「外國人炒高法國房價」的說法。從全國範圍來看,這種說法似乎有些偏激,但是,從法國的個別地區來看,似乎也有些道理。

國際貨幣基金組織首席經濟師拉詹表示:「我們可以感覺到全球房地產市場已經開始有降溫的跡象。」可是與此同時,從美國的舊金山、西雅圖到英國的倫敦、俄羅斯的莫斯科,高級住宅區的房價猛漲。即便有許多人擔心全球經濟出現衰退、擔心房地產泡沫,即便某些市場上的價格在下降,這些大城市的房地產價格卻仍在上漲。

莫斯科大環的地理位置,大概相當於北京的五環。雖然莫斯科大環距離市中心很遠,但是因為莫斯科發達的地鐵網路往往以大環附近的居民區為終點,還不能算作荒涼。就是這樣一個地方,它的房價已經達到了每平方公尺 1500 美元以上。

根據當地媒體統計的數字,目前莫斯科的平均房價已經突破了每平方公尺 2100 美元。俄羅斯《獨立報》也報導說,莫斯科市中心的新建房已經達到了每平方公尺 3000 美元的水準。即便是莫斯科大環以外的地區,甚至是莫斯科州的房地產價格也水漲船高。僅在 2003 年,各

類住宅價格上漲了 30％～ 40％，平均漲幅 36％。原本有專家預測房地產價格會比較穩定的 2005 年，也出現了個別月份漲幅 2.2％的火爆局面。

1997 年的金融風暴之後，亞洲各大房地產市場遭受重創之餘，僥倖逃過全面崩盤的劫難。但令人憂心忡忡的全球經濟不景氣，恐將使亞洲的房地產市場重拾昔日夢魘。

以曼谷為例，一棟兩年新的大型辦公大樓只有半數樓層租了出去。在其他亞洲大都市，辦公樓的出租率也只有一半。曼谷是 1997 年亞洲金融危機的起源地。由於建築業者的蜂擁搶建，1999 年，曼谷頂級辦公大樓的閒置率達到巔峰，超過 36％。過去 3 年中，曼谷、香港、首爾及新加坡辦公大樓租用率雖大幅改善，但許多跡象顯示前景堪憂。

東京地價是世界上最高的，所以在東京買房子就要做好拿出幾千萬乃至上億日圓的心理準備。用一個正在出售的普通實例說明，東京品川平塚一處公寓，距離車站 10 分鐘步行路程，面積約 24 坪，總價 5350 萬日圓（382 萬元人民幣），如果首付 1200 萬日圓，貸款 30 年，每月要還款 12.8 萬左右，此外，入住後每月的管理費是 2 萬日圓。

一般來說，東京幾個著名的昂貴地段例如惠比壽、廣尾、赤坂等區域，不要說電視上常看到的日式獨門小樓，就是一套不到 100 平方公尺的三房一廳公寓房往往標價都要 1 億幾千萬日圓。這些地區的「貴府」確實不是普通日本百姓可以買得起的，多是為老闆或人氣藝人們準備的。對於一般市民階層來說，能在東京城內買套不很偏僻的三居室絕對是個大手筆。

與購房相比，東京人更習慣於租房住。租房不用準備購房時的巨

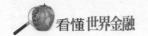看懂世界金融

額首付，而且可以隨時根據工作的變動而搬移。東京租房的價格因地域不同差價也極大，拖家帶口的普通市民家庭租住的多是 10 萬～ 20 萬日圓的公寓房。如果哪家公司有自己的宿舍樓，每月兩三萬日圓的象徵性房租對員工來說絕對算得上是個誘人的福利待遇了。

其實，面對高昂的房價，普通百姓的確可以學學日本人，用租房代替買房。

固化財富才是王道

在貨幣洶湧而出的時代，怎樣才能避免貨幣貶值，保住自己的財富呢？答案其實很簡單，那就是固化你的財富。

有必要來重溫一下 2010 年周小川在接受新華社記者採訪時的一段話：「在抗擊危機期間，財政政策和貨幣政策都是擴張型的，國家有意地擴大了貨幣的供應量，這是應對金融危機的有針對性的舉措，它幫助中國經濟實現了快速回升，如果不這樣做，經濟一定會出現很嚴重的下滑局面。」

中國到底發行了多少貨幣？央行資料顯示，2009 年中國銀行的新增貸款是 9 萬多億元。如果用廣義貨幣量 M2 來計算，1990 年，中國的 M2 餘額為 1.53 兆元，2010 年年末已經達到 72.58 兆元。20 年間廣義貨幣增長了 46.44 倍。目前，這一趨勢還在延續。

其實貨幣超發是一個全球性的問題，不僅僅是中國，其他國家也是如此。

貨幣超發最為直觀的後果就是錢不值錢了。舉個簡單的例子，假如在蘇聯時期一個人有 4 萬盧布（當時 1 盧布兌換 2 美元多），如果這個人拿出一小部分的錢去購買黃金（當時黃金價格非常低），他便能保住相當一部分的財富，如果他沒有這麼做，後來的 4 萬盧布只相

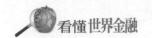

當於 1 美元，他便一無所有了。

應對貨幣超發，錢越來越不值錢，最好的方法就是固化你的財富。我們要給財富找個錨，這個錨可以是黃金、白銀，也可以投資稀有資源。原因很簡單，就拿黃金來說，無論貨幣或相關的衍生品的價格跌到什麼水準，都不會影響黃金的價值。很多國家都已經意識到這一點了，近年來，拋售實物黃金的國家越來越少，淨買入黃金的國家越來越多，而且，量越來越大。但必須強調的是，任何資源品的價值都要放在一個時間周期內去評判。所以投資品只能放在時間座標上才有意義。離開了時間段，談趨勢是沒有意義的。就像人們誇一個男人多麼成熟穩重，一般在心中都會自動設定一個周期，比如 25 歲到 35 歲，但不會從 80 歲到 100 歲。同理，任何投資品也必須在周期內談論才有意義。

對於美元而言，即使它在趨勢演變上處於弱勢的狀態，但並不意味著單邊的下行，而是與時間節點巧妙地結合，走出波浪狀的起伏。如果不能透過與時間節點的對照找出其轉捩點，就無法準確判斷其運行態勢。

事實上，在市場中充滿恐懼與困惑的時候，我們應該關注周期，把握住機會，與周期共舞。

現今，投資稀有金屬比黃金更熱，這是為什麼呢？這是因為在紙幣貶值的大周期中，稀有有色金屬具有比黃金更多的用途，其價值不僅僅體現在貨幣層面，更體現在超出貨幣範疇的「商品之王」層面。

次級房貸危機惡化之後，全球大宗商品價格普遍深幅下跌。但這次下跌只是為下一次更嚴重的通貨膨脹做準備。各國數額驚人的救市

資金所帶來的貨幣的貶值效應早晚會釋放出來，那麼我們如何應對這場危機呢？以下幾個基本原則助你保護好自己的財富。

1. 重視技術對資源的拓展。比如，具有資源、又具有技術優勢的企業，更值得關注，因為技術可以成倍提升資源的價值。同時，資源的概念是延伸的，並非簡單的指自然資源。新能源、新能源技術都屬於這一範疇。

2. 在新周期的前期，規避鋼鐵、鋁等存在產能過剩風險的賤金屬等資源。既然有更多的選擇，這些品種當然可以放棄——只有在二者的價值嚴重背離，即稀有資源品價格上漲過高而賤金屬遲遲不動二者價值落差加大到一定程度時，才可以帶著抓補漲的心態去投資它們。

以上原則，在一個周期走完後自動失效。因為次級房貸危機後累積起來的更加龐大的泡沫需要透過更具有破壞力的危機來擠壓，到那時，以資源為基礎建立起來的各種衍生品將成為被洗劫的對象。無論怎樣，在哪個周期中，都須堅持「資源為王」的理念，固化自己的財富。

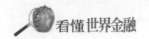

國富更要民富

人們常說「國富民強」，這也一直是很多國家和人民共同追求的目標。但事實上國家富了百姓們就過得好了嗎？那為什麼負債累累的政府，國民過得比較幸福，經濟制度比較健全，能真正享有民主、自由，發展科學帶來全面繁榮，擁有巨額財富，強大外匯儲備的很多國家政府反而不能給國民幸福感，甚至發展不夠健全，各種問題層出不窮？為什麼不是富有者更加具有民主法制？為什麼不是有錢了才更能辦事？

「國富」和「民富」不是同一回事嗎？國家富起來了難道不等於國民富起來了？人民富裕了對國家影響到底如何？

國富，就是財富都集中於國家。比如戰國時秦國的商鞅變法時期，鼓勵農業生產，但是必須「家不積粟」，農民努力耕地種糧食，但是收成必須上交國家，不許自己私藏。

民富，則是指財富歸百姓所有，藏富於民。這種結果多因為國家輕賦稅重發展而致。試想，國家如果不大力發展生產，財富無法生成。即使有大量財富，如果都被徵收稅負，則百姓依然沒有財富可言。

到底藏富於國有利於發展，還是藏富於民有利於發展呢？

著名經濟學家陳志武曾舉這麼一個例子，如果來兩組國家，分別

是西元 1600 年時國庫豐盛的國家如中國明朝、印度、土耳其以及日本，另一組負債累累，比如像英國、義大利城邦、荷蘭、西班牙、法國等。但是，從 400 年前直到 19 世紀、20 世紀，當時負債累累的那組國家如今都是經濟已開發國家，且民主法制建設都很好；而除日本明治維新之後改變命運逐步發展並進入已開發國家之列外，那些「腰纏萬貫」的國家反而都是開發中國家，即使是富敵一方的中國也不例外。

如今，中國外匯儲備空前，美國則向全世界借貸。中國人民的生活，可以用水深火熱來形容，因為幸福感遠遠低於其他國民。而美國，卻成為眾多人眼望的幸福綠洲。是不是真的是政府窮民間富催化民主與法治？

財富在民間和國家之間的分配與自由、民主、法制的發展有著相當微妙的關係。看似八竿子打不著的民主、自由、法制的建設與金融市場之間，其實有著依賴的關係。

拿美國來說，透過國債價格的漲跌變化能夠對具體政策與制度做出相應評價，可以反映出市場對國家的未來定價。當國債價格下跌時政府就必須對法律或者政策做出調整以讓公眾滿意。也就是說，負債累累的政府對百姓的稅收很依賴，只有促進民主制約專制讓百姓滿意，百姓才願意交稅。當政府有求於百姓時，就不得不為百姓做事。政府錢不夠用時自然需要金融市場的運作，到市場上去融資，為了能更好地融資，勢必就要建設好民主和法治。

相反，國家很有錢，國庫餉銀充足，就不需要依賴於百姓稅收，不需要向百姓借錢，不需要金融市場的運作，因此它就敢於專制，敢於橫行。

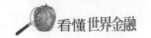

這裡一個很關鍵的詞語：稅收。

透過闡述，國家依賴的稅收這個槓桿則依賴於民眾，那麼稅收應該在一個什麼樣的水準呢？

是不是越多越好？顯然不是。不收稅是不行的，國家缺錢也無法發展建設，民主自由法治皆為空談。但是稅收超過民眾的負擔，勞動之後的成功全部被政府掠奪，則再也不會有人願意勞動了，誰願意辛辛苦苦卻沒有回報？所以關於稅收，正如拉佛曲線（Laffer Curve）所說，控制在一定的程度才能達到效益最大化，既不能不收，又不可多收。

對任何一個百姓來說，都是希望國家強大繁榮，國乃家之根本，是家和個人的強大後盾。但是對於每一個普通百姓來說，生活是具體的，要讓孩子受到良好的教育，生病的家人得到好的醫療照顧，每天吃讓人放心的食物，不要地溝油，不要蘇丹紅，要的是公眾溫和友愛善待他人，告別冷漠，看到別人需要幫助時不會不敢站出來幫一把，自己需要幫助時有人願意伸出援手，這些都需要政府的幫助。但是同樣的，開門七件事，樣樣都要錢。國家富有之外，百姓也需要富有，這樣才能夠相互支撐，也才有能力負擔稅負，以讓國家充實國庫，更好地發展。

從根本上說，國家的財富也是來源於民眾的創造，是無數百姓將自己小額的財產讓渡給國家，才匯聚成國家的巨大財富。就好像一條大河，主幹道充足的河水必定是由眾多支流匯聚一起才得以形成強大水流的。小河裡有水才能保證大河不乾涸，而若大河抽乾了所有小河裡的水，大河離乾涸的日子也不遠了。

　　所以，我們應該將思想觀念由「國富民強」轉變為「民富國強」。民富是國富的基礎和前提，國富對民富又有促進作用，致力於發展的政府才能盡全力保障百姓生活的富足。

文經書海

商海巨擘

國家圖書館出版品預行編目資料

看懂世界金融 / 田媛媛 著一 版.
-- 臺北市 :廣達文化, 2013.1
; 公分. -- （文經閣）（文經書海 72）
ISBN 978-957-713-516-2(平裝)
1.金融危機
561.78   101023194

看懂世界金融

榮譽出版：文經閣

叢書別：文經書海 72

作者：田媛媛
出版者：廣達文化事業有限公司
Quanta Association Cultural Enterprises Co. Ltd
發行所：臺北市信義區中坡南路路 287 號 4 樓
電話：27283588　傳真：27264126　　　E-mail：*siraviko@secd.net.tw*
劃撥帳戶：廣達文化事業有限公司　帳號：19805170

印　刷：卡樂印刷排版公司
裝　訂：秉成裝訂有限公司

代理行銷：創智文化有限公司
23674 新北市土城區忠承路 89 號 6 樓
電話：02-2268-3489　傳真：02-2269-6560

CVS 代理：美璟文化有限公司
電話：02-27239968　傳真：27239668

一版一刷：2013 年 2 月

定　價：280 元

書山有路勤為徑
學海無崖苦作舟

 文經閣

書山有路勤為徑
學海無崖苦作舟

 文經閣